歯科医院の採用・定着支援ハンドブック

一般社団法人日本歯科労務コンサルタント協会
代表理事・社会保険労務士
牧 伸英 著

はじめに

　現在著者は、歯科労務コンサルタントとして、歯科医院の労務管理をアドバイスする仕事に携わっています。歯科医院を外部からサポートする専門家としては、歯科コンサルタントが一般的です。彼らの多くは歯科医院の経営全般をサポートしていますが、労務管理の専門家ではありません。

　労務管理とは、スタッフの募集・採用から入社後の配属、人材育成、人事評価、昇進・昇格、休職、退職までの一連のサイクルをマネジメントすることをいいます。そのためには、労働基準法、労働契約法、職業安定法、高年齢者雇用安定法など、各種労働法の知識が必須です。労働法の知識が担保されず、曖昧な知識で労務管理のアドバイスをすることは、とても危険です。その結果、歯科医院にとっても大きな労務リスクを伴うこともあります。

　著者は、人事・労務管理系の唯一の国家資格である社会保険労務士（以下、社労士という）として、今では歯科専門に労務管理のコンサルティングを行っています。歯科業界の安定した発展・成長に貢献することを目的に、歯科業界に強い社労士を組織化し、一般社団法人日本歯科労務コンサルタント協会も設立しました。

　本書では、歯科医院の経営に不可欠な歯科衛生士から選ばれる勝ち組歯科医院になるため、労務管理の中でも、特に重要な人材採用と職場定着に関するコンテンツを多めに、労務管理上のポイントが収録されています。労務管理は、経営資源でいうところの「ヒト」に関係する分野です。経営資源とは、企業や会社の成長を支える、ヒト・モノ・カネ・情報などの資産の総称ですが、その順番に注目してください。ヒトが一番目にきています。やはり、ヒトなのです。歯科医院の成長を支えるのも、ヒト（人材）なのです。優秀な人材を確保するためには、適切

な人材採用と職場定着がポイントです。

　本書は、読んでいただくことで歯科医院の人材採用と職場定着、育成、評価など労務管理全般に関する基本的なスキルが簡単に身に付けられるのが特徴です。

　既に歯科医院の経営をサポートしている社会保険労務士やコンサルタントといった外部専門家はもとより、これから歯科業界に参入しようとを考えている方にとって本書が参考になれば、これほど嬉しいことはありません。

　それでは、歯科医院の人材採用と職場定着の世界を一緒に見ていきましょう。

2018 年 10 月

牧　伸英

はじめに …………………………………………………… 1

第1章 歯科業界の最新事情と課題を知る

1 歯科業界にはどんな人たちが携わっているか
   …………………………………………………… 12
   ・外部人材（業者や専門家など）　／12
   ・内部人材（歯科医院で働くスタッフ）　／13

2 数字で読み解く歯科業界 ……………………… 19
   ・歯科医の世界は男性社会？　／19
   ・歯科診療所数はほぼ横ばい　／22
   ・減少する歯科医師国家試験合格者数　／23
   ・倒産しない歯科医院　／28

3 歯科医院の運営形態には大きく2つある …… 32

4 歯科業界の収益構造を理解する ……………… 33
   ・歯科の損益状況　／33
   ・好調な歯科医院は自費診療への関心が高い　／40
   ・顧問料の3倍を超える貢献ができない
     外部専門家に未来はない　／40

5 歯科医院の経営課題を知る …………………… 43

・院長のお悩み事トップ3を押さえる　　／43

・院長は、歯科衛生士の採用・定着問題を
解決してくれる人を探している　　／44

・「人材確保＋助成金受給」の提案を
喜ぶ院長も多い　　／44

6　歯科医院向けアピールのキーワードは「予防」
.... 46

・歯科医院にとって「予防」が増患でも採用でも
旬な言葉になっている　　／46

・「予防労務」の視点からの提案が
院長に響く？　　／46

第2章　人が集まる募集・採用の仕掛け

1　人手不足で歯科医院が廃業する時代が来る？
.... 50

・医科同様、歯科業界も人手不足が
問題になりつつある　　／50

・スタッフを確保できなければ
診療を続けられなくなる　　／51

2　ターゲットを明確にした採用戦略で自転車
操業型採用から脱却する 52

・採用には目に見えにくい
コストが多く発生している　　／52

・求める人材像を具体的に
絞り込んで戦略を立てよう　　／52

3　採用にもマーケティング思考が必要 55

・応募者がアクセスしそうな媒体を選ぼう　　／55

・インターネットでの検索を想定した
　採用戦略が求められる　／56

4 「ブラック歯科医院」は学生から嫌われる … 57
・学生は講義で労働基準法を押さえている　／57
・「親の関与」も無視できない　／58

5 ブラック歯科医院 10 の特徴 …………………… 59
・特徴1　パートスタッフが
　　　　社会保険未加入である　／59
・特徴2　残業が多い　／59
・特徴3　定期健康診断を実施していない　／60
・特徴4　年次有給休暇が取れない　／61
・特徴5　雇用契約書がない　／65
・特徴6　就業規則がない　／65
・特徴7　賞与がない　／67
・特徴8　昇給がない　／68
・特徴9　365 日求人中である　／69
・特徴10　始業前に掃除をする
　　　　　職場風土がある　／69

6 電話離れ、メール離れに対応した採用戦略が必要 …………………………………………… 71
・採用ページのスマートフォン対応が必要　／72
・ユーザーにとって使い勝手の良い
　ページ構成が必要　／72

7 ハローワークの求人サービスを最大限有効活用する ……………………………………… 74
・検索サイトを通じてハローワークの
　求人情報を閲覧してもらえる　／75

・備考欄まで使ってなるべく多くの
　情報を掲載する　／76
・採用する人によっては助成金が
　もらえることもある　／79

8　採用動画でオンライン会社説明会を開く……81

・リアルの会社説明会の開催には
　費用対効果の問題がある　／81
・動画コンテンツは
　検索結果で上位に表示される　／82
・YouTube に採用動画をアップする方法　／82
・動画のクオリティは高くなくても OK　／84
・動画によるオンライン会社説明会の例　／84
・スライド動画を活用する手もある　／85

9　リファラル採用の導入で採用ルートを確保する……88

・歯科医院におけるリファラル採用の導入　／88
・導入メリット①　採用コストの面でおトク　／88
・導入メリット②　まじめなスタッフを
　　　　　　　　　採用できる　／89
・導入メリット③　スタッフが人材を
　　　　　　　　　探してきてくれる　／89
・報奨金支給に関する留意点　／90
・報奨金の支給は職業安定法に抵触するか？　／90

10　認定マークの取得で魅力をアピールする……92

・「サイバー法人台帳 ROBINS」
　経営労務診断サービス　／92
・自治体による認定マークの取得も有効　／96

11 採用適性検査を導入してミスマッチを減らす
.... 99
・ミスマッチによる早期退職は
雇入れ後のコスト増にもつながる ／100
・20〜30分の面接で
適性を見抜くことはムリ ／101
・採用適性検査を活用するメリット ／101

12 応募者のモチベーションを把握して内定辞退
を防ぐ 107
・モチベーションの種類は8つ ／107
・測定ツールの活用例 ／108

第3章 働きやすさと職場定着の仕掛け

1 職場定着の公式は「3A＋T理論」......... 112
2 「スタッフファースト」にすると人が定着
する 114
・「患者ファースト」では
スタッフが疲弊する ／115
・患者都合と自院都合の
さじ加減こそが経営者のセンス ／116

3 職場定着のための8つの取組み事例 117
・ランチミーティング ／117
・スタッフの誕生日茶話会 ／118
・月初に有給取得ミーティングを行う ／118
・半日有給休暇取得制度 ／119
・スタッフへのお中元、お歳暮 ／121
・スタッフとの年2回の個別面談 ／122

目　次　　7

・1日の所定労働時間を 7.5 時間に改革 ／122

・健康支援 ／124

4 組織活力測定と環境適合測定にチャレンジする ………… 127

5 定期的なモチベーション測定で心のバランスを見る ………… 132

6 副業・兼業の解禁と労務管理上の課題 …… 134

・歯科医院で考えられる副業・兼業問題 ／134

・副業・兼業に関するルールの考え方 ／135

・労働時間数にも注意が必要 ／136

・労災保険上の問題にも注意が必要 ／137

7 歯科医院から「ブラック問題」をなくす ………… 138

・パートスタッフの
社会保険未加入問題の改善 ／138

・3つのアプローチによる
長時間残業の改善 ／139

・受診したくなる定期健康診断への改善 ／141

・健診休暇を導入する ／142

・働きやすい、休みやすい
職場環境への改善 ／143

・就業規則や雇用契約書を整備する ／144

・賞与や昇給の制度化 ／146

・「365 日求人」からの脱却 ／147

第4章 定着と成長を促進する 人材育成と人事評価

1 行動改善でスタッフ教育を行う ……………… 150
　・コンピテンシー理論による
　　行動基準を作成する　　／150
　・コンピテンシー研修の実施　　／153

2 スタッフの成長のカギを握るのは院長 …… 157
　・優秀なスタッフから
　　辞めていってしまう理由とは？　　／157
　・スタッフにだけ成長を求める
　　院長は見放される　　／158

3 行動基準を評価にも活用する ……………… 159
　・人材育成は人事評価と
　　リンクさせるとより効果的　　／159
　・歯科医院で人事評価を
　　導入すべき4つの理由　　／159
　・行動基準と人事評価をリンクさせる方法　　／164
　・スタッフのやる気を引き出せるかは
　　フィードバックのやり方次第　　／164

4 人事評価を賃金に反映させる ……………… 166
　・歯科医院における「成果」とは何か？　　／166
　・歯科衛生士の給与には
　　一部歩合給制を導入する　　／167
　・賞与で自費診療獲得の報酬を
　　支給する場合　　／168
　・歩合の支給方法を決める際に
　　注意すべきことは？　　／169

第5章 歯科医院に選ばれる コンサルタントになるには

1 経営者から必要とされるコンサルタント像
.... 172

- ・「言葉の力」を持っているコンサルタント　／172
- ・スタッフを雇用する経営者の気持ちがわかる
  コンサルタント　／174
- ・報酬を「投資」にしてくれる
  コンサルタント　／174
- ・タイムマネジメントができる
  コンサルタント　／178
- ・業界のことがわかっている
  コンサルタント　／183
- ・単なる「自称コンサルタント」ではない
  コンサルタント　／185

2 歯科医院に有効なアプローチ方法............... 186

- ・セミナーを企画してFAXDMで案内する　／186
- ・メールマガジンを配信する　／190
- ・歯科関連イベントに出展する　／192
- ・スタディグループに入会する　／193

3 「見える化」で顧客満足度を高める............ 194

- ・「見える化」①　提供するサービスの
  メニュー表を作る　／194
- ・「見える化」②　コンサルティング
  議事録を作る　／196

おわりに 203

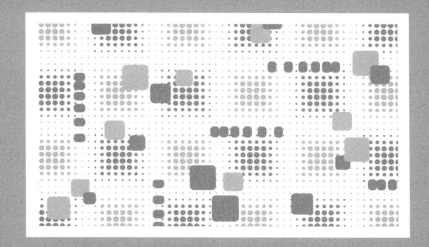

第1章
歯科業界の最新事情と課題を知る

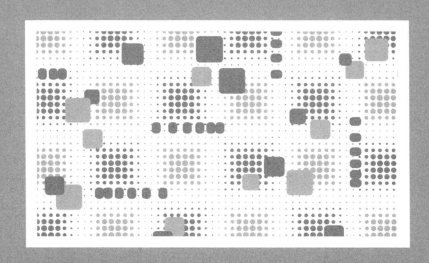

歯科業界にはどんな人たちが携わっているか

外部人材（業者や専門家など）

　総称すると「歯科コンサルタント」なのですが、もう少し細かく見たいと思います。開業時がわかりやすいと思いますので、歯科医院を開業する際にそのサポート役として登場する人材を見ていきます。

　いったいどんな業者や専門家が歯科医院の開業に携わっているのでしょうか。

　開業資金を融資する金融機関、物件を仲介する不動産会社、内装デザイン会社や看板屋、機械メーカーや材料屋といった院内設備業者、内覧会を企画運営する会社、集患・増患用のホームページを制作するウェブ制作会社、会計や資金繰りをアドバイスする税理士など、こんなに沢山の業者や専門家が携わっています。

　たしかにさまざまな業者や専門家が歯科医院の開業に携わっているのですが、内装デザインや看板、ウェブ制作会社などの中には歯科医院に特化している業者もいます。最近では、歯科医院に特化している税理士事務所もあります。業種の数で言えば幅広いですが、業者数は意外に少ないのかもしれません。私自身、歯科業界の勉強会や研究会、セミナーなどに参加すると、同じ会社の方々とよくお会いします。

　歯科業界は意外に狭い！というのが私の実感です。業界が狭いということは、知合いも多いのでネットワークも強いでしょう。紹介・口コミが発生しやすい業界です。かく言う私もその恩恵を受けている一人です。高度なマーケティングを行うより

も、紹介・口コミといった人的ネットワーク（人脈）でビジネスをしている業者・専門家が、今でもとても多いです。歯科医院の顧問先を獲得していきたいのであれば、歯科業界の業者や専門家とも連携して、人的ネットワークづくりを進めることも大切です。

内部人材（歯科医院で働くスタッフ）

歯科医院で働く、歯科医師、歯科衛生士、歯科技工士、歯科助手の仕事内容などを簡単に整理しておきます。なお、歯科技工士については歯科医院内で働くケース（院内技工）は稀で、そのほとんどは技工所（院外技工）などで働くことがほとんどです。

図表1-1　内部人材の種類

職種	国家資格	仕事内容
歯科医師	必要	むし歯の処置や入れ歯・詰め物・冠・差し歯などの製作と装着、歯列矯正、抜歯やインプラントなどの歯の治療、保健指導、健康管理などを行う
歯科衛生士	必要	歯科医師の指導のもと、診療の補助や歯石・歯垢の除去などの予防処置、歯磨き指導などの保健指導を行う
歯科技工士	必要	歯科医師の指示書にしたがって、入れ歯、被せ物、詰め物、矯正装置などの作成や加工、修理を行う
歯科助手	不要	受付業務や会計・庶務業務、歯科医師や歯科衛生士の診療サポートなど、幅広く業務を行う

第1章　歯科業界の最新事情と課題を知る　13

特徴は、歯科医院で働くスタッフの中で唯一国家資格を持たない（必要ない）職種は、歯科助手だということです。実は、このことが労務管理にも影響しています。例えば、人材育成ひとつとっても、歯科衛生士には教育研修にお金をかけるけど、歯科助手にはそうでもないという院長（歯科医師)が多いです。

　なぜなら、歯科衛生士は審美などのホワイトニングで売上を作ることができるけれど、患者の口腔内に手を入れて仕事をすることが法律上許されていない歯科助手にはそれができないと考えられているからです。歯科衛生士にかけるお金は投資であっても、歯科助手にかけるお金はコストにしかならない。このような認識を持っている院長もいます。

　しかし、私は歯科助手も売上を作ることができる！と考えています。それは、同じ医療分野でも、医科と歯科とでは大きく異なるポイントがあるからです。一般の医科にはなくて通常歯科にはあるものですが、これは歯科医院のビジネスモデルの大きな特徴だと思います。

　一つは自費診療があることです。これはとても大きな特徴です。

　もう一つは、受付業務が基本予約制だということです。初めて行く歯科医院に予約の電話を入れたときに、感じの悪い受付に当たったら……。あなたならどうしますか？　おそらくその歯科医院には一生行かないでしょう？

　これは、経営的に言うと機会損失そのものです。受付の電話対応ひとつが、集患・増患に影響するのです。優秀な受付は新患を逃さず、引き続き来院してくれるリピート患者をも集めることができます。受付業務を担う歯科助手は、売上を作る戦力になるのです。その意味では、歯科助手には歯科医院と患者とをつなぐコミュニケーターとしての役割を担っていると思います。

図表 1-2　歯科医師・歯科衛生士・歯科技工士の特徴

職種	特　　　徴

歯科医師

どんな職業か

虫歯や歯のまわりの病気を治療するとともに予防指導にあたる。

いったん虫歯になると薬では治すことができないため、高速で回転するエアタービンを使って歯の悪い部分を削り、金属をつめるなどの処置を施す。抜歯鉗子（かんし）や歯科用ヘーベルを使って歯を抜き、義歯を入れる場合もある。

診療を行う時には、器具の消毒や安全に配慮し、血液を介して感染する疾患にも十分気をつける必要がある。

大学病院では、専門分野に分かれて教育、研究、治療に取り組んでいる。例えば、歯科口腔外科では口腔がんの手術や治療を行い、大きな傷や病気の場合は、外科など他の分野の医師とチームを組んで治療を行うこともある。その他、学校歯科医、保健所で公衆衛生活動に取り組む歯科医師、歯の矯正を専門に行う歯科医師もいる。

就くには

大学で6年間歯学について学んだ後、歯科医師国家試験に合格し、1年以上の臨床経験を積む必要がある。

卒業後2年程度大学に残って研究し、その後2～3年、病院や歯科医院で勤務医として働きながら経験を積み、開業するのが一般的である。

高校
↓
歯科大学・大学歯学部
（6年制）
↓
歯科医師国家試験
↓
歯科医院（歯科診療所）、病院
1年以上の臨床研修
歯科医師
↓ 独立・開業
歯科診療所

患者の人権を尊重し、コミュニケーションが十分とれる人柄であること、冷静さ、注意力、判断力をもっていること、手先が器用であることなどが求められる。

第1章　歯科業界の最新事情と課題を知る　15

どんな職業か

歯科医師の直接の指導の下に、虫歯や歯周疾患など歯や歯ぐきの病気の予防処置、歯科医師の診療の補助の仕事、歯科保健指導などをする。

虫歯予防の仕事では、歯や歯ぐきにたまった歯垢（しこう）や歯石を取り除いたり、フッ化物や硝酸銀を歯に塗ったりする。歯科医師の診療を補助する仕事では、治療に使う器具を消毒したり、歯の型を取るための材料や薬剤を準備する。アシスタントとしてそばに付き添って、治療中の患者の状態に気を配りながら、診察や処置がスムーズに進むように手助けを行う。また、インプラント等の外来小手術の介助も行う。

また、歯科衛生士には、歯の健康を取り戻すために助言や指導をする「歯科保健指導」という役割もある。保健所などで虫歯予防のアドバイスをしたり、寝たきりの老人や障害者を訪問し、正しい歯のみがき方を指導したり、最近では、高齢化社会に対応し高齢者の生活の向上を計るために、"摂食・嚥下"の分野での口腔ケアをするなど、地域社会でも活躍している。

就くには

歯科衛生士養成機関を卒業して歯科衛生士の国家試験に合格し、免許を取得する必要がある。養成機関の修業年数はほとんどが2年課程である。カリキュラムは、基礎的教養科目と、解剖学、口腔衛生学などの基礎的専門科目、臨床実習を含む専門科目からなる。

```
高校
  ↓
短大・専門学校など
（歯科衛生士養成機関）
  ↓
歯科衛生士国家試験
  ↓
病院、歯科医院、保健所など
  歯科衛生士
```

歯科衛生士には、歯科を中心とした医学への関心と知識、口の中で歯の沈着物を取り除いたり薬物を塗ったりするという細かい技能が必要である。

歯科衛生士

また、指導や相談に際して、患者に対する思いやりや奉仕の精神とともに、人を説得する話術も要求される。医師や他のスタッフとの共同作業が多いため、協調性も求められる。

　大学病院などの大規模な職場を除けば、異動や昇進は少ない。就業者に対する研修会が歯科衛生士会などにより開催されており、新しい知識や技術を習得することができる。

　大多数が歯科診療所に就職し、就職率は良好であるが、地域差もかなりみられる。

どんな職業か

　歯科医師の指示にしたがって、人工的な歯を作ったり、修繕したりする。

　物を食べることは、生きていくために不可欠であり、また楽しみでもある。いったん歯が損なわれると、物を食べるのが不自由になったり、消化が悪くなるだけでなく、ときには容ぼうが変わったりするなど、心身の健康に関与している。歯は、乳歯の場合を除き、二度と生えかわることがないので、事故や歯科疾患によって歯を失った場合には、人工の歯を作ってそれを補い機能と審美を回復させることが必要になる。

　歯科技工士の仕事の大部分は義歯を作ることである。義歯には「入れ歯」や「さし歯」、「ブリッジ」、「金冠」などの種類がある。歯科医師が治療の過程で採得した患者の歯型に、石膏剤等を流し込んで患者固有の模型を作り、陶材・金属・合成樹脂を使って義歯を作る。

　義歯を作る仕事の中心になるのは、非常に精巧な手技工程であり、小道具を使った細かい指先による自然感と機能発揮の造作作業が主である。

　このほか、歯並びを矯正する装置の製作を手がける技工士もいる。合金製の線材の弾力を利用して歯列に力を加え、歯並びを矯正する装置を作る。

歯科技工士

第1章　歯科業界の最新事情と課題を知る

就くには

　歯科技工士試験に合格し、免許を取得することが必要となる。このため、大学・短大・専門学校を卒業し、国家試験を受けるのが一般的である。教育年限は昼間大学では4年間、短大・専門学校では2年間、夜間（専門学校）で3年間で、学習する科目は、歯牙解剖、有床義歯技工学、歯冠修復技工学、歯科理工学などといった理論や知識のほか、全体の2割強の時間が歯科技工実習に当てられる。

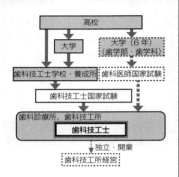

　就職については、新規採用では学校への求人や関係団体の情報などによるものが多い。

　歯科技工士は、細かい指先の作業をしなければならないので、そうした細工仕事に興味があり、指先や手先が器用で、ねばり強いことが要求される。優れた細工（入れ歯など）には美的センスも求められる。

　資格を取った後も技術の習練が必要であり、一人前になるには5年程度の実務経験が必要と言われている。歯科医師との関係が密接であり、歯科診療所や歯科技工所で経験を積み、やがて独立して歯科技工所を開くこともできる。

（出典）厚生労働省職業分類

数字で読み解く歯科業界

歯科医の世界は男性社会？

　医師・歯科医師・薬剤師調査の概況によると、2014年の歯科医師の数は、10万3,972人（**図表1-3**）です。そのうち8万544人が男性ですから、男女比8：2で構成されています。

　歯学部の学生の男女比は6：4ですから、歯科業界の女性活躍は進んでいるとは言い難いです。旺文社教育情報センターによると、2016年度の第109回歯科医師国家試験の合格者状況を見ると、受験者数3,103人のうち合格者数は1,973人（合格率63.6％）となっており、男女別の合格状況は男性が1,183人（合格率59.6％）、女性が790人（合格率70.6％）であり、その男女比は6：4ですので、女性の合格率が低いということはなく、むしろ女性のほうが高くなっています。そのような優秀な女性がもっと歯科業界で活躍できるようにサポートしていくことも、今後の労務管理上のポイントになり得るかもしれません。

図表1-3　歯科医師の年次推移（抜粋）

	歯科医師数（人）	増減率（％）	人口10万対（人）
1982	58,362	…	49.2
1990	74,028	4.9	59.9
1998	88,061	3.0	69.6
2006	97,198	2.1	76.1
2014	103,972	1.4	81.8

（出典）2014年「医師・歯科医師・薬剤師調査の概況」

第1章　歯科業界の最新事情と課題を知る

図表 1-4　施設・業務の種別にみた歯科医師数

	2014年	
	歯科医師数 （人）	構成割合 （%）
総数^(注)	103,972	100.0
男	80,544	77.5
女	23,428	22.5
医療施設の従事者	100,965	97.1
病院の従事者	12,141	11.7
病院（医育機関附属の病院を除く）の 　　　開設者または法人の代表者	24	0.0
病院（医育機関附属の病院を除く）の 　　　勤務者	3,065	2.9
医育機関附属の病院の勤務者	9,052	8.7
臨床系の教官または教員	3,443	3.3
臨床系の大学院生	1,890	1.8
臨床系の勤務医	3,719	3.6
診療所の従事者	88,824	85.4
診療所の開設者または法人の代表者	59,750	57.5
診療所の勤務者	29,074	28.0
介護老人保健施設の従事者	29	0.0
医療施設・介護老人保健施設以外の従事者	1,540	1.5
医育機関の臨床系以外の大学院生	156	0.2
医育機関の臨床系以外の勤務者	901	0.9
医育機関以外の教育機関または研究機関 　　の勤務者	162	0.2
行政機関または保健衛生業務の従事者	321	0.3
行政機関の従事者	290	0.3
行政機関を除く保健衛生業務の従事者	31	0.0
その他の者	1,438	1.4
その他の業務の従事者	333	0.3
無職の者	1,105	1.1

各年 12 月 31 日現在

2012 年	対前回		人口 10 万対（人）		
歯科医師数 （人）	増減数 （人）	増減率 （％）	平成 26 年 （2014）	平成 24 年 （2012）	増減数
102,551	1,421	1.4	81.8	80.4	1.4
80,256	288	0.4	63.4	62.9	0.5
22,295	1,133	5.1	18.4	17.5	0.9
99,659	1,306	1.3	79.4	78.2	1.2
12,547	△406	△3.2	9.6	9.8	△0.2
26	△2	△7.7	0.0	0.0	0.0
2,865	200	7.0	2.4	2.2	0.2
9,656	△604	△6.3	7.1	7.6	△0.5
3,560	△117	△3.3	2.7	2.8	△0.1
2,042	△152	△7.4	1.5	1.6	△0.1
4,054	△335	△8.3	2.9	3.2	△0.3
87,112	1,712	2.0	69.9	68.3	1.6
59,740	10	0.0	47.0	46.8	0.2
27,372	1,702	6.2	22.9	21.5	1.4
27	2	7.4	0.0	0.0	0.0
1,424	116	8.1	1.2	1.1	0.1
131	25	19.1	0.1	0.1	0.0
839	62	7.4	0.7	0.7	0.0
160	2	1.3	0.1	0.1	0.0
294	27	9.2	0.3	0.2	0.1
258	32	12.4	0.2	0.2	0.0
36	△5	△13.9	0.0	0.0	0.0
1,440	△2	△0.1	1.1	1.1	0.0
276	57	20.7	0.3	0.2	0.1
1,164	△59	△5.1	0.9	0.9	0.0

（注）「総数」には、「施設・業務の種別」の不詳を含む。
（出典）2014 年「医師・歯科医師・薬剤師調査の概況」

第 1 章　歯科業界の最新事情と課題を知る

歯科診療所数はほぼ横ばい

　次に、歯科診療所の数ですが、医療施設動態調査によると、ここ数年6万8,000程度で推移しています（図表1-5）。この数が多いか少ないかは、賛否の分かれるところだと思います。保険診療を中心に展開している院長に聞くと、「多い（過剰）」という印象を受ける一方、審美など自費診療中心に展開している院長に聞くと、「少ない（不足）」という印象を受けます。

　私は社会保険労務士ですが、社会保険労務士の事務所の数が多いか少ないかという議論と同様、診療所数の多い、少ないという話題におそらく正解はないのでしょう。ただ、社会保険労務士と異なり、歯科医院は国の保険制度（医療費）に経営が左右されます。少子高齢化の進展などにより、医療費の増加は顕著で、財政ひっ迫の大きな要因となっているのも事実です。これは私個人の見方ですが、中長期的には歯科診療所の数を縮小していくことが国の意思ではないかと勘ぐってしまいます。

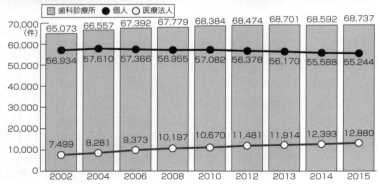

図表1-5　歯科診療所数の推移

（出典）2016年9月27日付日本歯科新聞「数字で見る歯科界2016年版」

減少する歯科医師国家試験合格者数

　歯科医師国家試験の受験者、合格者等の推移（図表1-6）を見ると、この勘ぐりもあながち見当違いともいえないことが理解してもらえると思います。ここ数年の合格率の低下傾向は、顕著です。受験者数が減少傾向にあることも影響しているかもしれませんが、2016年の第109回国家試験においては合格者数が2,000人を割り込みました。歯科医師法10条1項には、「歯科医師国家試験及び歯科医師国家試験予備試験は、毎年少なくとも一回、厚生労働大臣が、これを行う」と規定され、同条2項には「厚生労働大臣は、歯科医師国家試験又は歯科医師国家

図表1-6　歯科医師国家試験受験者、合格者等の推移

カッコ内は新卒者

	受験者数（人）	合格者数（人）	合格率（％）
第101回	3,295(2,487)	2,269(1,948)	68.9(78.3)
第102回	3,531(2,516)	2,383(1,915)	67.5(76.1)
第103回	3,465(2,355)	2,408(1,921)	69.5(81.6)
第104回	3,378(2,356)	2,400(1,928)	71.0(81.8)
第105回	3,326(2,311)	2,364(1,882)	71.1(81.4)
第106回	3,321(2,373)	2,366(1,907)	71.2(80.4)
第107回	3,200(2,241)	2,025(1,642)	63.3(73.3)
第108回	3,138(1,995)	2,003(1,457)	63.8(73.0)
第109回	3,103(1,969)	1,973(1,436)	63.6(72.9)
第110回	3,049(1,855)	1,983(1,426)	65.0(76.9)
第111回	3,159(1,932)	2,039(1,505)	64.5(77.9)

（出典）厚生労働省医政局医事課試験免許室

第1章　歯科業界の最新事情と課題を知る

図表1-7　第111回歯科医師国家試験学校別合格者状況（2018年）

	出願者数	受験者数	合格者数	合格率
新卒者	2,469人	1,932人	1,505人	77.9%
全　体	3,721人	3,159人	2,039人	64.5%

学校名	総数				出願者数
	出願者数	受験者数	合格者数	合格率	
北海道大学歯学部	63	62	48	77.4	55
東北大学歯学部	66	64	45	70.3	52
東京医科歯科大学歯学部	55	55	51	92.7	51
新潟大学歯学部	59	59	43	72.9	42
大阪大学歯学部	60	60	49	81.7	47
岡山大学歯学部	65	64	55	85.9	50
広島大学歯学部	70	70	54	77.1	50
徳島大学歯学部	67	65	50	76.9	45
九州大学歯学部	57	54	47	87.0	45
長崎大学歯学部	71	70	50	71.4	49
鹿児島大学歯学部	74	74	52	70.3	55
国立　計	707	697	544	78.0	541
九州歯科大学	116	114	91	79.8	91
公立　計	116	114	91	79.8	91
北海道医療大学歯学部（東日本学園大学歯学部を含む）	105	80	49	61.3	61
岩手医科大学歯学部	96	80	43	53.8	58

新卒			既卒			
受験者数	合格者数	合格率	出願者数	受験者数	合格者数	合格率
55	46	83.6	8	7	2	28.6
52	42	80.8	14	12	3	25.0
51	49	96.1	4	4	2	50.0
42	34	81.0	17	17	9	52.9
47	39	83.0	13	13	10	76.9
49	46	93.9	15	15	9	60.0
50	44	88.0	20	20	10	50.0
45	38	84.4	22	20	12	60.0
42	40	95.2	12	12	7	58.3
48	38	79.2	22	22	12	54.5
55	40	72.7	19	19	12	63.2
536	456	85.1	166	161	88	54.7
90	81	90.0	25	24	10	41.7
90	81	90.0	25	24	10	41.7
38	31	81.6	44	42	18	42.9
43	30	69.8	38	37	13	35.1

第 1 章 歯科業界の最新事情と課題を知る

学校名	総数				出願者数
	出願者数	受験者数	合格者数	合格率	
奥羽大学歯学部 （東北歯科大学を含む）	121	111	27	24.3	34
明海大学歯学部 （城西歯科大学を含む）	237	171	108	63.2	142
日本大学松戸歯学部	174	126	73	57.9	141
東京歯科大学	165	139	132	95.0	154
日本歯科大学	215	176	111	63.1	156
日本大学歯学部	188	180	121	67.2	128
昭和大学歯学部	120	106	75	70.8	93
鶴見大学歯学部	229	198	89	44.9	83
神奈川歯科大学	128	77	52	67.5	107
日本歯科大学 新潟生命歯学部 （日本歯科大学新 潟歯学部を含む）	98	83	53	63.9	66
松本歯科大学	168	139	70	50.4	105
愛知学院大学歯学部	175	137	100	73.0	134
朝日大学歯学部 （岐阜歯科大学を含む）	275	217	123	56.7	156
大阪歯科大学	206	184	115	62.5	112
福岡歯科大学	184	131	59	45.0	103
私立　計	2,884	2,335	1,400	60.0	1,833
認定および予備試験	14	13	4	30.8	4
その他　計	14	13	4	30.8	4
	3,721	3,159	2,039	64.5	2,469

新卒			既卒			
受験者数	合格者数	合格率	出願者数	受験者数	合格者数	合格率
25	9	36.0	87	86	18	20.9
77	66	85.7	95	94	42	44.7
97	58	59.8	33	29	15	51.7
128	123	96.1	11	11	9	81.8
117	76	65.0	59	59	35	59.3
121	86	71.1	60	59	35	59.3
80	59	73.8	27	26	16	61.5
53	39	73.6	146	145	50	34.5
59	41	69.5	21	18	11	61.1
51	41	80.4	32	32	12	37.5
76	58	76.3	63	63	12	19.0
97	75	77.3	41	40	25	62.5
100	72	72.0	119	117	51	43.6
90	74	82.2	94	94	41	43.6
50	29	58.0	81	81	30	37.0
1,302	967	74.3	1,051	1,033	433	41.9
4	1	25.0	10	9	3	33.3
4	1	25.0	10	9	3	33.3
1,932	1,505	77.9	1,252	1,227	534	43.5

（出典）厚生労働省医政局医事課試験免許室

第 1 章　歯科業界の最新事情と課題を知る

試験予備試験の科目又は実施若しくは合格者の決定の方法を定めようとするときは、あらかじめ、医道審議会の意見を聴かなければならない」とも規定されています。他の資格試験と同様に、試験の実施主体者である国の思惑がその合否の決定に関与していることは想像に難くありません。歯科医師国家試験の現状をみる限り、国が歯科診療所数や歯科医師の数の増加を目指しているとは言えないでしょう。

倒産しない歯科医院

　全国保険医団体連合会の 2016 年「開業医の実態・意識基礎調査」(**図表 1-8**) では、歯科医院経営の見通しについては、

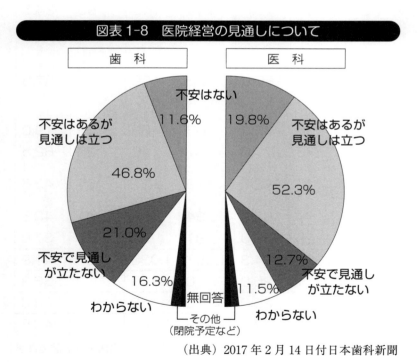

図表 1-8　医院経営の見通しについて

（出典）2017 年 2 月 14 日付日本歯科新聞

21％の開業歯科医師が「不安で見通しが立たない」と回答しています。

　一方医科では、同質問に対して「不安で見通しが立たない」との回答は12.7％でした。歯科のほうが2倍近く高い数字ですから、医科と比べると歯科のほうが厳しい経営環境であることが想像できます。たしかに、医科に比べると経営環境は厳しいのかもしれません。ただそれは、どこ（誰）と比べるか？という話であって、歯科本来の実態はどうなのでしょうか。そもそも私たち日本人は自分自身や自分の組織（自院）に関するアンケート調査で遠慮がちな回答をする傾向があるので、私自身はこの回答はあまり参考にはしていません。比較的経営が安定している歯科医院も多いという印象です。

　それでは、歯科本来の実態を探る意味でも、倒産件数を見てみましょう。帝国データバンクによると、歯科医院の倒産件数は9件（2015年）で過去10年では最も少なかったようです（図表1-9）。

　日本全国に6万8,000以上の歯科診療所があって、倒産はたったの9件です。倒産率にして0.01％です。全体の数からすると、とても少ないとは思いませんか？　巷の中小企業ではそうはいきません。東京商工リサーチによると、2015年の倒産件数は8,812件で、このうち中小企業基本法に基づく中小企業は8,806件でした（図表1-10）。中小企業は全国に約380万社あるといわれていますから、倒産率にして0.23％です。歯科と比べて、23倍も倒産リスクの高いことがわかります。これらのデータから見ても、歯科を含む医療業は他の業界と比べても経営が安定している業界と言えそうです。

　歯科業界は他の業界、とりわけ介護業界と比べてもまだまだ経営が安定していることを伝えるために、私がセミナーでよく話す例え話を一つご紹介します。儲かっていない介護事業所の社長は、よく軽自動車に乗っていますが、歯科医院の院長の場

図表 1-9　歯科医院の倒産件数

金額は百万円単位

	件数	負債総額
2006	9	1,905
2007	11	1,963
2008	10	1,411
2009	15	2,359
2010	12	3,142
2011	10	767
2012	15	1,680
2013	13	1,615
2014	15	1,456
2015	9	554

（出典）2016 年 3 月 8 日付日本歯科新聞

合は口では儲かっていないと言いながら、ベンツや BMW と
いった輸入車によく乗っています。私はたくさんの院長ともお
付き合いしていますが、過去一度も軽自動車に乗っている院長
を見たことがありません。厳しいと言いながらも、輸入車に乗
れるくらいの収入はあるというわけです。経営が安定している
バロメーターともなる例え話です。この例え話は、歯科医院向
けのセミナーなどで講師をする際のアイスブレイクの一つにな
ります。

　経営が安定していることは、コンサルタント等の外部人材に
とってはとても重要です。なぜなら、経営が安定していなけれ
ば、外部人材が提供する専門サービスの対価である報酬を払っ
ていただける確証がないからです。報酬を払っていただける確

図表 1-10　倒産の状況

（単位：件）

| 年 | 件数 | | 中小企業 |
	実数	前年同期 （月）比	実数
2011	12,734	△ 4.4	12,687
2012	12,124	△ 4.8	12,077
2013	10,855	△ 10.5	10,848
2014	9,731	△ 10.4	9,723
2015	8,812	△ 9.4	**8,806**
2016	8,446	△ 4.2	8,439

（出典）東京商工リサーチ

証がなければ、安心してサービスを提供することができなくなります。外部人材のサービスは、ボランティアではありません。お付き合いする相手の懐事情は、実はとても大切なことです。倒産リスクの少ない歯科医院は、良いお客さまだと思います。

歯科医院の運営形態には大きく2つある

　開設者別の歯科診療所数も見ておきましょう。2015年の医療施設調査によると、全国の歯科診療所数6万8,737施設のうち、個人が5万5,244施設、医療法人が1万2,880施設、他613施設となっています。医療法人化率は約20％です。

　どんな組織や集団でも、上位2割が優秀な働きをして、真ん中の6割が普通の働きをして、下位2割が残念な働きしかできないという「2：6：2の法則」で言えば、法人化している20％の歯科医院は、経営上優秀なほうかもしれません。

　医療法人化の目安は、診療収入や所得などいろいろと物差しがあると思いますが、例えば診療収入でいえば、保険診療収入5,000万円、所得でいえば2,000万円から2,500万円が一つの目安になると思います。この金額を境に、一般的に個人経営の歯科医院には有利だといわれている概算経費率が適用されなくなりますので、医療法人化へ意識が傾いていくことになります。いうなれば、医療法人化している歯科医院は、個人経営の歯科医院と比べて売上が多いといえます。もちろん、単に売上が多いからといって高収益体質の勝ち組経営ができているとは限りませんが、実は、歯科医院経営は粗利率が非常に高いビジネスなのです。

　粗利とは、売上（診療収入など）から変動費を引いた利益のことです。歯科医院における変動費とは、材料代や技工代などです。もちろん、保険適用される保険診療と保険外の自費診療とでは違いはあるものの、変動費率は平均すると20％程度といわれていますから、歯科医院経営は粗利率80％のビジネスモデルとなります。

歯科業界の収益構造を理解する

 歯科の損益状況

　実際の統計データがあるのでご紹介しておきます。厚生労働省が2015年に行った第20回医療経済実態調査によると、歯科診療所の損益状況は次のとおりです（**図表1-11**）。なお、各項目の内訳は**図表1-12**のとおりです。

　このままでは少しわかりにくいので、損益状況を図解すると、**図表1-13**のようになります。

　なお、計算を簡略化するために、診療収入＝Ⅰ（医業収益）＋Ⅱ（介護収益）としています。次のような計算式が成り立ちます。

　　　診療収入（売上）＝変動費＋付加価値（粗利益）
　　　　　　付加価値＝固定費＋経常利益

第1章　歯科業界の最新事情と課題を知る　33

図表 1-11　2014 年（度）歯科診療所の損益状況（抜粋）

	個人			医療法人	
	金額	構成比率	金額の伸び率（対前々年度比）	金額	構成比率
	前年（度）	前年（度）		前年（度）	前年（度）
	千円	％	％	千円	％
I　医業収益	40,761	100.0	0.3	80,832	98.5
1. 保険診療収益	35,103	86.1	0.0	65,297	79.6
2. 労災等診療収益	38	0.1	26.7	6	0.0
3. その他の診療収益	5,108	12.5	1.5	14,682	17.9
4. その他の医業収益	513	1.3	3.8	846	1.0
II　介護収益	15	0.0	0.0	1,208	1.5
1. 居宅サービス収益	13	0.0	0.0	714	0.9
2. その他の介護収益	1	0.0	0.0	493	0.6
III　医業・介護費用	28,030	68.7	0.4	74,927	91.3
1. 給与費	11,579	28.4	0.3	40,892	49.8
2. 医薬品費	422	1.0	5.8	985	1.2

（1施設当たり損益）

その他			全体			
金額の伸び率（対前々年度比）	金額	構成比率	金額の伸び率（対前々年度比）	金額	構成比率	金額の伸び率（対前々年度比）
	前年（度）	前年（度）		前年（度）	前年（度）	
％	千円	％	％	千円	％	％
0.7	42,773	99.2	−1.7	48,794	99.5	0.4
0.8	34,008	78.9	−1.6	41,132	83.9	0.3
−75.0	216	0.5	−16.0	33	0.1	6.5
0.9	749	1.7	39.2	6,983	14.2	1.3
−7.5	7,799	18.1	−4.1	646	1.3	−0.3
12.8	344	0.8	33.9	256	0.5	12.3
7.4	344	0.8	33.9	156	0.3	6.8
21.4	0	0.0	−	100	0.2	22.0
0.3	35,017	81.2	1.6	37,473	76.4	0.4
−0.5	20,306	47.1	0.6	17,522	35.7	0.0
2.8	143	0.3	−5.3	532	1.1	4.7

3. 歯科材料費	3,076	7.5	4.6	5,722	7.0
4. 委託費	3,587	8.8	0.7	6,369	7.8
5. 減価償却費	2,305	5.7	−4.2	3,427	4.2
（再掲）建物減価償却費	593	1.5	−2.9	426	0.5
（再掲）医療機器減価償却費	990	2.4	−4.2	1,775	2.2
6. その他の医業費用	7,062	17.3	−0.1	17,532	21.4
（再掲）設備機器賃借料	456	1.1	−2.4	499	0.6
（再掲）医療機器賃借料	253	0.6	−2.3	377	0.5
Ⅳ 損益差額（Ⅰ＋Ⅱ−Ⅲ）	12,746	31.3	−	7,112	8.7
Ⅴ 税金	−	−	−	760	0.9
Ⅵ 税引後の総損益差額（Ⅳ−Ⅴ）	−	−	−	6,353	7.7
施設数	431	−	−	109	−
平均ユニット数	3	−	−	4	−

（注）1. 構成比率は「Ⅰ医業収益」と「Ⅱ介護収益」を合算した金額に対する各収益科目、又は費用科目の割合である（以下同様）。
　　　2. 「その他」とは、市町村立などの歯科診療所である（以下同様）。
　　　3. 個人立の歯科診療所の損益差額からは、開設者の報酬となる部分以外に、建物、設備について現存物の価値以上の改善を行うた

5.2	1,895	4.4	−2.1	3,594	7.3	4.8
−2.8	4,686	10.9	7.6	4,153	8.5	−0.3
4.8	2,065	4.8	−3.6	2,527	5.2	−1.9
−0.9	1,295	3.0	−4.3	566	1.2	−2.7
14.7	770	1.8	−2.3	1,145	2.3	1.1
1.0	5,923	13.7	3.9	9,146	18.6	0.3
−23.7	208	0.5	0.5	463	0.9	−7.8
−28.3	208	0.5	0.5	277	0.6	−11.2
−	8,100	18.8	−	11,577	23.6	−
19.1	128	0.3	−13.5	−	−	−
−	7,972	18.5	−	−	−	−
−	5	−	−	545	−	−
−	4	−	−	3	−	−

　めの内部資金に充てられることが考えられる。
　4.　個人立の歯科診療所は税金について調査していないので、個人立の歯科診療所が含まれる集計区分では税金の集計はしていない（以下同様）。

　　　　（出典）厚生労働省「第20回医療経済実態調査」を基に作成

図表 1-12　歯科診療所の損益に関する項目

Ⅰ　医業収益	
1．保険診療収益	入院患者・外来患者の医療に係る収益（医療保険、公費負担医療）
2．労災等診療収益	入院患者・外来患者の医療に係る収益（労災保険、自賠責等）
3．その他の診療収益	自費診療収益等
4．その他の医業収益	・学校医・産業医・当番医の手当、健康診断、各種検診、文書料等の収益 ・その他（受取利息、配当金、補助金等）
Ⅱ　介護収益	
1．居宅サービス収益	居宅サービスに係る収益
2．その他の介護収益	前記の科目に属さない介護収益
Ⅲ　医業・介護費用	
1．給与費	職員の給料、賞与、退職金（退職給付引当金制度がある場合は退職給付引当金繰入額、退職給付引当金制度がない場合は退職金支払額）、法定福利費 （注）個人立の歯科診療所においては、開設者の報酬に相当する部分は含まれていない
2．医薬品費	費消した医薬品の購入額
3．歯科材料費	費消した歯科材料、診療材料、医療消耗器具備品等の額
4．委託費	歯科技工、医療用廃棄物、医療事務等の委託費
5．減価償却費	建物、建物附属設備、医療機器、車両船舶等の減価償却費

6. その他の医業費用	・経費（福利厚生費、消耗品費、光熱水費、賃借料、事業税、固定資産税等） ・その他（支払利息、雑費等）
Ⅳ　損益差額	（Ⅰ＋Ⅱ－Ⅲ） （注）個人立の歯科診療所の損益差額からは、開設者の報酬となる部分以外に、建物、設備について現存物の価値以上の改善を行うための内部資金に充てられることが考えられる
Ⅴ　税金	法人税、住民税 （注）個人立の歯科診療所については集計していない
Ⅵ　税引後の総損益差額	（Ⅳ－Ⅴ）

（出典）厚生労働省「第20回医療経済実態調査」

図表1-13　チャート式損益計算書（P/L）の例

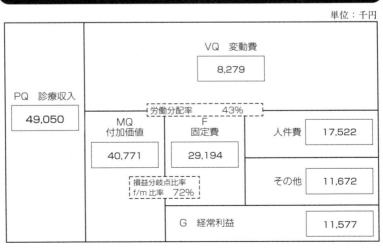

好調な歯科医院は自費診療への関心が高い

　診療収入は、保険診療と自費診療に大別されます。

　業績が好調な歯科医院は、**図表1-11**の「Ⅰ-3．その他の診療収益」、「4．その他の医業収益」といった自費診療を伸ばしている傾向があります。損益状況の医業収益（前年）における自費率は、全体で15.5％（個人13.8％、医療法人18.9％）です。歯科経営を考えるとき、国策の影響をダイレクトに受ける保険診療よりも、付加価値の高い治療が要求される自費診療にその関心が高まっている印象を受けます。

　「Ⅱ．介護収益」とは、訪問歯科診療などの収入です。

　変動費とは「売上原価」ともいい、診療収入に連動して増加する費用のことです。「Ⅲ-2．医薬品費」、「3．歯科材料費」、「4．委託費」が、それに当たります。それ以外の費用は、すべて固定費になります。

　前年のデータからの変動費比率は16.9％（個人17.3％、医療法人16％）です。粗利率は83.1％となり、上述したように、歯科医院経営は粗利率80％のビジネスモデル、ということもうなずけます。

顧問料の3倍を超える貢献ができない外部専門家に未来はない

　ちなみに、士業者やコンサルタントが受け取る報酬やコンサルティング報酬などは、ここでいう固定費に含まれます。ですから、歯科医院が士業者やコンサルタントと顧問契約を結ぶことは、会計的には単なる固定費の増加です。その結果、何の利益も生まず単純に経常利益だけが減ることとなってしまうと、院長は怒り、次回の契約更新はないかもしれません。

> 顧問料や人事コンサルティング料は
> 固定費増加＆経常利益減　⇒　院長怒る

　一方、あなたのサービスを受けることで、診療収入が増えたり、粗利率が改善したり、固定費の削減につながったりすればどうでしょうか。おそらく院長は喜んでくれるでしょう。次回の契約更新もぜひお願いしますと、きっと懇願されるに違いありません。

> 診療収入＆粗利のアップ＆コスト削減で
> 経常利益増　⇒　院長喜ぶ

　自分のサービスを提供することにより、戦略会計 STRAC を参考にその歯科医院はいくら利益が増えるのかを試算する必要があります。そして、院長にもそのことが伝わらないと受注確率は低下します。あなたの提案に対して、歯科医院（院長）が採用（投資）するかどうかの判断基準は、価値と価格の関係で説明すると、価値＞価格でなければなりません（**図表 1-14**）。私の経験上、価格に対して価値がその 3 倍を超えてくると、即決 OK される確率が高いです。

第 1 章　歯科業界の最新事情と課題を知る

図表1-14 院長の投資判断基準=価値>価格

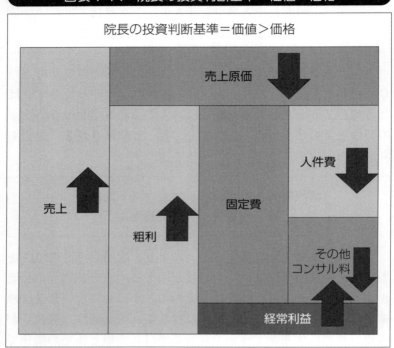

歯科医院の経営課題を知る

 院長のお悩み事トップ3を押さえる

　歯科医院にとっての大きな課題とは何でしょうか？　大きな課題トップ3を考えてほしいと思います。

　実は、この質問にはとても重要な意味合いがあります。なぜかというと、この大きな課題を的確に把握できなければ、外部人材はビジネスチャンスを失うことになるからです。もし課題をイメージしにくければ、「課題」ではなく「ニーズ」と捉えても結構です。

　私は社会保険労務士ですが、手続き代行や就業規則の作成といったサービスを提供したいと思っても、歯科医院にそのニーズがなければ契約にはつながりません。歯科医院に手続き代行や就業規則の作成、給与計算のニーズがないわけではありませんが、そのニーズはかなり低いでしょう。それらについて、院長が毎日夜も眠れないほど困っていたり、悩んでいたりするとは、到底思えません。院長が毎晩眠れないほど困り、悩んでいること！　これこそが本質的なニーズであり、大きな課題です。私が歯科医院と関わる中で発見した、院長が毎晩眠れないほど困っているお悩み事トップ3は、次のとおりです。ぜひ参考にしてください。

院長のお悩み事トップ3
◆　集患・増患（診療収入のアップ）
◆　収益アップ（自費率の向上）
◆　人材確保（歯科衛生士の採用・定着）

第1章　歯科業界の最新事情と課題を知る

院長は、歯科衛生士の採用・定着問題を解決して くれる人を探している

　ほとんどの歯科医院は、歯科衛生士の採用・定着で悩んでいます。しかも、儲かっている歯科医院ほどその悩みが顕著です。そこにアプローチしない手はありません。歯科衛生士の採用・定着という課題を解決できるサービスを提案することができれば、その提案は院長に受け入れられやすくなります。院長が毎晩眠れないほど困っているお悩み事です。私が院長なら、まずはその提案を聞いてみたくなります。きっと前のめりになってワクワクしながら話を聞くことでしょう。

　手続き代行や就業規則の作成では、院長の心には響きません。お悩み事ランキングで低位な課題にアプローチするような提案をしても、院長には刺さらないのです。アプローチするなら、低位な課題ではなく、お悩み事トップ3です。歯科衛生士の採用や定着といった、人材確保につながる提案をされることをお勧めします。

「人材確保＋助成金受給」の提案を喜ぶ院長も多い

　ちなみに、人材確保をしながら収益アップにも貢献できる方法もあります。「助成金申請」での貢献です。助成金は、金融機関等からの借入れとは異なり、返済する必要のないお金です。第3の資金調達手段としても、とても有効です。資金繰りにも役立ちます。歯科医院からすると、助成金は雑収入です。利益そのものです。私自身、自分の会社で助成金を何度か受給したことがありますが、申請していた助成金が支給決定されて実際に会社の口座へ助成金が入金されると、とてもうれしいものです。助成金申請をサポートすることは、歯科医院への大きな貢献になると思います。

多くの院長は、歯科医療にはもちろん深い知識があるものの、助成金についてはあまり知識がありません。助成金の財源は、事業所として負担している雇用保険料です。せっかく納めている保険料ですから、もらい損ねのないように、しっかりとサポートしていくことも必要だと思います。

　詳しくは第4章にて解説します。

6 歯科医院向けアピールの キーワードは「予防」

歯科医院にとって「予防」が増患でも採用でも 旬な言葉になっている

　キーワードは「予防」です。歯周病やムシ歯などになってから治療するのではなく、そもそもならないようにするための対策（予防）です。予防歯科はリピート（再来院）率向上との相性も良いので、歯科経営にとってもプラスが多く、予防歯科に取り組む歯科医院は今後ますます増加すると思います。

　予防歯科に取り組むことが、歯科衛生士の採用増につながるという話もあります。それは、最近の新卒歯科衛生士には予防歯科に力を入れている歯科医院への就職希望者が多いからです。すでに予防歯科に力を入れている歯科医院であれば、そのことをアピールするだけでも、歯科衛生士からの応募の反応が改善するでしょう。

「予防労務」の視点からの提案が院長に響く？

　この予防という観点は、歯科業界だけが注目しているわけではありません。労務の分野にも、「予防労務」という概念があります。企業のニーズも、最近では予防労務にあると言っても過言ではありません。そもそも労使紛争（疾患）にならないためにどのような対策（予防）をするのか？　例えば、就業規則も、今後は予防労務の観点から労使紛争予防型就業規則が普及していくのかもしれません。

　歯科医院の就業規則の普及率はまだまだ低く、私の感覚だと

1〜2割の歯科医院しか就業規則を作っていない印象があります。しかも、自院の実情に即したものではなく、歯科医師会が提供している就業規則のひな形をそのまま使って、歯科医院名だけ変えたものをよく見かけます。「使えない就業規則」になっていることが少なくありません。

　歯科医院でも労使紛争が顕在化していたり、顕在化とまではいかなくても潜在化していたりする事例はよく耳にします。就業規則を整備していれば、防ぐことができた労使紛争も多いのではないでしょうか。労使紛争が本格化し、訴訟などで負けた場合には、歯科医院にとって大きな金銭支出を伴うこともあり得ます。もしそうなれば、収益にも大きく影響します。単に就業規則の作成を提案しても院長の心には響きませんが、就業規則の未整備による経営上のリスクをしっかりと伝えることで、労使紛争予防型就業規則への潜在的ニーズは高まると思います。就業規則の作成といったサービス一つとっても、提案の切り口によっては業務拡大の伸び代は期待できるでしょう。

第 1 章　歯科業界の最新事情と課題を知る

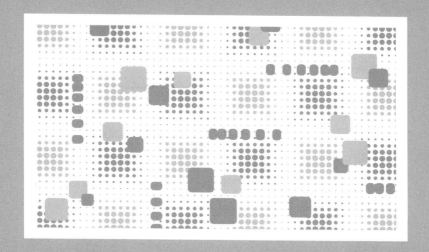

第2章
人が集まる募集・採用の仕掛け

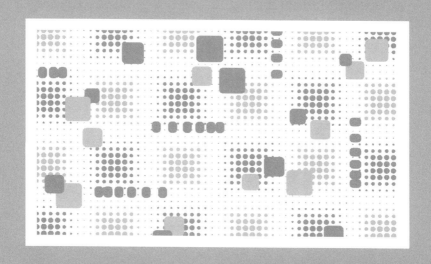

人手不足で歯科医院が廃業する時代が来る？

 医科同様、歯科業界も人手不足が問題になりつつある

　日本の生産年齢人口の割合は、1990年代を境に減少し続けています（**図表2-1**）。生産年齢人口とは、労働力の中核をなす15歳から64歳までの人口層をいいます。この中核となる人材が減少すると、企業の生産活動にも大きな影響が出ます。仕事（受注）があっても人手が足りないという「人手不足」の問題は、まさにそれです。

　人手不足は、看護師不足の医科はもとより、介護、飲食、運送業などでも起きています。歯科医院でも、歯科衛生士が足り

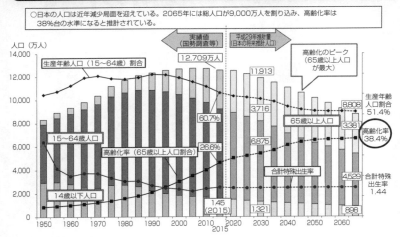

図表2-1　人口の年次推移

（出典）厚生労働省2017年7月31日社会保障審議会年金部会年金財政における経済前提に関する専門委員会資料

ないという話はよく耳にします。
　最近では外国人の活用も期待され、介護は国レベルで外国人材の受入れを進めつつあります。東京都内は、特に飲食店で外国人スタッフがとても多いです。中には、ほぼ外国人だけでお店のオペレーションを回している店舗もあります。日本人スタッフが採用できない都内の飲食店の現場の実情です。
　パート・アルバイトの時給も上昇し、人件費といった固定費だけが膨らむ一方、メニュー価格の引上げは簡単にはできず、経営を圧迫してしまう。インバウンドの影響もありお客さまの数が増えていても、人手もまた必要になるので、悪循環に陥っている飲食店も多いかもしれません。
　人手不足の影響は、事業の営業戦略や拡大戦略にも及んでいます。ファミリーレストランやショッピングセンターでは、深夜営業をやめたり営業時間自体を短縮したりするお店が出てきました。出店拡大を狙っても採用活動がうまくいかず、やむなく断念しているケースも見受けられます。

 スタッフを確保できなければ診療を続けられなくなる

　なぜ歯科医院以外の業界の人手不足の話をするかというと、他人事ではないからです。今、人手不足を背景として他業界で巻き起こっている問題は、いずれ歯科業界でも起こる可能性があります。
　歯科衛生士が不足し、診療をサポートしてくれるスタッフがいない状況では、いくら院長が診療したいといっても難しくなります。診療時間の短縮を余儀なくされることもあるでしょう。診療補助、受付、会計、請求などをサポートしてくれているスタッフがいるからこそ、院長は診療に専念することができるのです。人材あっての歯科医院経営です。

第2章　人が集まる募集・採用の仕掛け

ターゲットを明確にした採用戦略で自転車操業型採用から脱却する

▌▌採用には目に見えにくいコストが多く発生している

　人手不足のリスクがあるにもかかわらず、未だに何の採用戦略も持たずに採用活動をしている歯科医院が、とても多いです。戦略なくして成果はありません。場当たり的な採用をしている限り、採用に勝つことはないでしょう。仮に採用できても定着することはなく、早期に医院を去っていく光景が目に浮かびます。そうなると、投じた採用コストも水の泡です。

　採用コストとは、採用活動を通じて要したコスト全体を指します。求人広告の費用だけでなく、広告の打合せに関わった院長やスタッフの人件費、採用面接を担った院長や入社時の教育研修、OJT に関わったスタッフの人件費なども含まれます。そう考えると、到底数万円では済まされません。軽く見積もっても数十万円です。場合によっては、100万円以上することもあるでしょう。スタッフ一人の採用には、それだけのコストがかかっています。採用とは、目に見えないお金がかかるものなのです。それだけに、しっかりと戦略を立てて採用活動をしてほしいと思います。

▌▌求める人材像を具体的に絞り込んで戦略を立てよう

　採用戦略でもっとも大切なことは、ターゲットを明確にすることです。

　採用活動におけるターゲットとは、「求める人物像」のことです。「ペルソナ」という言葉を聞いたことがあると思いますが、

図表 2-2　ペルソナで描く応募者像

項目		イメージ	サンプル		
			項目		イメージ
性別	➡		性別	➡	女性
年齢	➡		年齢	➡	28歳
居住エリア	➡		居住エリア	➡	東京　※実家は地方
職歴	➡		職歴	➡	新卒後5年以上
職業	➡	歯科衛生士	職業	➡	歯科衛生士
年収	➡		年収	➡	300万円
性格	➡		性格	➡	協調的、責任感あり
ファッション	➡		ファッション	➡	流行には敏感
趣味	➡		趣味	➡	音楽
ライフスタイル	➡		ライフスタイル	➡	仕事も趣味も一生懸命、公私充実タイプ
行動特性	➡		行動特性	➡	専門志向、合理的志向
悩み	➡		悩み	➡	結婚、将来設計

　このペルソナという言葉は、マーケティングにおいては「理想の顧客像」を意味しています。これを採用活動に置き換えると、「理想の応募者像」です。

　ペルソナでは、性別、年齢、居住エリア、学歴、職業、年収だけでなく、性格、ファッション、趣味・ライフスタイル、行動特性、悩みなどを設定していき、あたかも実在しているような人物像までを描いていきます。

　実際にペルソナで応募者像を描く場合は、**図表2-2**のよう

第2章　人が集まる募集・採用の仕掛け　　53

な項目を検討します。サンプルと併せて例示します。

この歯科衛生士の人物像を一言で表現すると、

> 　新卒で東京に就職したものの、少し都会暮らしにも疲れ、実はＵターン転職を希望している 20 代後半のスキルアップ志向の歯科衛生士

となります。どうでしょうか？　実在しそうでしょう。これがペルソナなのです。

ペルソナが決まれば、採用活動も行いやすくなります。ターゲットである相手（求める人物像）が明確になるからです。相手を知らなければ、何事も作戦は立てられません。採用活動は相手を知るところからがスタートなのです。

参考までに、例えば今回のペルソナであれば、次のようなPRをすることで、ターゲットの心に響きやすくなると思います。

★　スタッフ研修制度が整備されていて、歯科衛生士としてのスキルアップが可能

★　院内のデザインが洗練されていて、設備機器なども先進的と地元では評判

★　おおむね残業もなく、比較的有給休暇も取得しやすいので、ワークライフバランスが図りやすい

★　育児休業の取得実績があり、スタッフの平均勤続年数も長く、結婚してからも安心して働ける

★　毎年昇給もあり、将来設計もしやすい

★　ランチ会などスタッフ間の交流を図るイベントも定期的に開催されて、家庭的な雰囲気の歯科医院

採用にもマーケティング思考が必要

 応募者がアクセスしそうな媒体を選ぼう

　マーケティングの概念は、広告・宣伝やプロモーション、営業活動などいろいろな定義はあると思いますが、本書ではシンプルに「見込客集め」とします。見込客を集める活動がマーケティング活動なのです。

　採用でいうところの見込客とは、つまり仕事を探している求職者であり、さらに言えば応募者のことです。求職者や応募者の具体像は、前述したペルソナで明確化できたと思います。そのペルソナで明確化されたターゲットを集める活動こそが、採用マーケティングなのです。

　さて、次はターゲットである理想の応募者を集める方法を考えます。考えるための良い方法は、あなた自身が理想の応募者になりきってみることです。あなたがその理想の応募者で、今、転職を考えていて、どこか自分に合う歯科医院はないかなぁと転職先を探しているとします。そのとき、あなたはどの求人媒体で転職先を探しますか？

　新聞広告、折込チラシ、ハローワーク……。いろいろありますが、おそらくそのどれも当てはまらないのではないでしょうか。私は、就活支援の一環として求職者向けに日本経済新聞の読み方をレクチャーすることもあるのですが、そもそも最近の人は新聞自体を読みませんし、定期購読もしていません。特に、若い世代にその傾向が顕著です。

第2章　人が集まる募集・採用の仕掛け

インターネットでの検索を想定した採用戦略が求められる

　今どきの応募者は、インターネットで探します。しかも、パソコンではなく、おそらくまずはスマートフォンで探します。Google などの検索サイトで「歯科衛生士　求人」や「歯科衛生士　転職」といったワードを入力して検索し、検索結果で上位に表示されているサイトからチェックしていくというパターンが多いのではないでしょうか。

　とするならば、顧問先の歯科医院の求人情報も上位に表示させる必要があります（検索結果で上位表示させるノウハウは後述していますので、ぜひ参考にしてください）。

　スマートフォンは、採用戦略のすべてを変えようとしています。スマートフォン 1 台あれば、転職先候補の歯科医院をいくらでも見つけられます。テレビを見ながら、電車で移動しながら、友だちとランチしながら、家でゴロゴロしながら、といった「ながら」作業の中でも転職活動ができるのが、今の時代（時流）です。その時流に合った採用活動が求められています。

　マーケティングと言うと何か難しく感じる方もいるかもしれませんが、特に難しいテクニックは必要ありません。理想とする応募者を明確化してその特徴を知り、時流を理解する。そこにマッチした採用活動を展開することが、採用マーケティングの本質です。

4 「ブラック歯科医院」は学生から嫌われる

 学生は講義で労働基準法を押さえている

「ブラック歯科医院には就職しないように」。

今、歯科衛生士学校ではこのように学生たちに就活指導をしているという話を耳にします。

また、歯科衛生士学校で講師をしている私の友人の社会保険労務士いわく、「法律論の講義では眠そうにしている学生も、ブラック企業の話や事例を解説すると、とても食い付きがよく、目の色を変えて真剣に聞いている」とのことです。歯科衛生士国家試験では、労働基準法からも1題出題されるそうで、そのための労働基準法の講義を担当しているそうです。

世間のブラック企業を見る目は、日に日に厳しくなっています。国も行政も「働き方改革」の名の下、労働時間削減に本腰を入れています。ご存知の「かとく」（ブラック企業における長時間労働の監督・指導に当たる「過重労働撲滅特別対策班」の通称）が2015年4月に東京労働局と大阪労働局に新設されたり、2017年5月から厚生労働省が労働基準関係法違反の疑いで送検した企業のリストが公表されるようになったりしています。

歯科医院も同様です。ブラック歯科医院には歯科衛生士が働きに来てくれません。学生も、ブラック歯科医院に就職したい人はいません。

応募者が、求人情報の検索と同様、ブラック歯科医院に関する情報も簡単にインターネット上で見つけ出すことができるようになっていることを理解しておく必要があります。

第2章 人が集まる募集・採用の仕掛け

「親の関与」も無視できない

　最近の就活現場では「親の関与」が無視できなくなってきました。企業がせっかく内定を出しても、親の反対から内定を辞退する学生もいます。企業は、学生に選ばれることはもとより、親にも選ばれることが必要な時代です。そのためにも、自社が親に認知されていなければいけません。

　歯科医院も同様です。これからの採用活動は、親御さんへのPRや親御さんを交えた内定者懇親会など、親御さん対策も視野に入れる必要があるでしょう。

ブラック歯科医院 10 の特徴

 では、ブラック歯科医院とは具体的にはどのような歯科医院なのでしょうか。ここで、ブラック歯科医院の特徴を紹介しておきます。

特徴1　パートスタッフが社会保険未加入である

 ご存知のとおり、歯科医院でも医療法人の場合には社会保険が強制適用されます。さすがに医療法人で社会保険未適用の歯科医院は耳にしませんが、パートスタッフへの社会保険適用漏れは見受けられます。パートスタッフは社会保険に加入させなくてもよいと勝手に勘違いしている院長がいます。厚生年金や傷病手当金、出産手当金の制度がある健康保険に不当に加入させない歯科医院はブラックと言えるでしょう。

 また医療法人化していない歯科医院の中には、雇用保険にも加入させない歯科医院もあるようです。トンデモナイ歯科医院です。ブラック過ぎます。もし、そのスタッフが退職したらどうなるのでしょうか。失業保険の受給で労使トラブルになることは必須です。ここまでいくと、サッカーで例えるならばレッドカード（退場）ものです。

特徴2　残業が多い

 残業が多い歯科医院も、ブラックだと敬遠されがちです。多い、少ないというのは個人の主観的な評価なので、具体的に何時間以上の残業ならブラックだと断じることは難しいのです

第2章　人が集まる募集・採用の仕掛け

が、残業規制を一つの目安にすればよいと思います。さすがに残業が月100時間を超えるような歯科医院はないとは思いますので、例えば月60時間を一つの目安にしてはいかがでしょうか。

　残業が月60時間超になると、労働基準法上の賃金の割増率が25％以上から50％以上に規制されます。現在この割増率は中小企業には適用が猶予されていますが、2023年4月以降中小企業にも適用されます。つまり、国の方向性としても、月60時間以内に抑えたいという考えが政策に反映されているわけですから、それを無視することは得策ではありません。

　私は、これからの労務管理のポイントは、いかに効率良く働き、どうやって1時間当たりの生産性を高めていくのかにあると考えています。もちろんこれは歯科医院の労務管理にも当てはまることです。長時間労働で経営が成り立つ時代は終焉を迎えつつあるのです。

■ 特徴3　定期健康診断を実施していない

　労働安全衛生法では、「事業者は労働者に対して、医師による健康診断を1年以内ごとに1回実施しなければならない」と、定められています。いわゆる定期健康診断のことです。ですから、医療法人化している歯科医院だけでなく、個人事業の小さな歯科医院でもその事業規模に関係なく、スタッフに対して定期健康診断を実施しなければなりません。

　定期健康診断の対象となるスタッフは、常時使用するスタッフであり、具体的には正規雇用されているスタッフはもちろん、パート・アルバイトなど労働時間が短いスタッフであっても、1年以上継続勤務している者、または継続勤務が見込まれる者であって、1週間の所定労働時間が正規雇用されているスタッフの4分の3以上の者であれば、対象となります。1週間の所定労働時間が40時間の歯科医院であれば、30時間以上働いて

いるパート・アルバイトスタッフも定期健康診断を受けさせなければならないというわけです。

　これを知らない歯科医院も多いです。中には正規雇用されているスタッフにすら定期健康診断を受けさせていないところも見受けられます。歯科医院は、医療提供者の一員です。国民の健康を増進させる使命があると思います。歯科医師法の第1条には、「歯科医師は、歯科医療及び保健指導を掌ることによって、公衆衛生の向上及び増進に寄与し、もって国民の健康な生活を確保するものとする」と規定されています。その点からも、定期健康診断を軽んじる歯科医院はブラック歯科医院と評価されても仕方ありません。

特徴4　年次有給休暇が取れない

　年次有給休暇（以下、「有給休暇」「年休」といいます）が取れない歯科医院も、これからはスタッフ採用が厳しくなります。

　2018年卒マイナビ大学生就職意識調査によると、「個人の生活と仕事を両立させたい」と回答する学生が26.2％と5年連続で増加しています。ワークライフバランスを重視する学生が特に最近増えている実感を、私自身も持っています。この傾向は、学生だけに限ったことではありません。

　私の会社のスタッフもワークライフバランスをとても重要視しています。プライベートの充実が仕事の充実にもつながっているようです。プライベートはスタッフ個人の問題ですが、その充実のためには休暇は必須です。労働基準法で有給休暇が保障されているわけですから形骸化することなく、しっかりと有給休暇を取得できる体制を構築しなければなりません。

　有給休暇の付与日数は、次のとおり労働基準法で規定されていますが（**図表2-3**）、院長によっては採用面接の際に「パート・アルバイトには有給休暇はない」などと説明する人もいます。

第2章　人が集まる募集・採用の仕掛け

図表 2-3　年次有給休暇の付与日数

（1）通常の労働者の付与日数

継続勤務年数	0.5	1.5	2.5	3.5	4.5	5.5	6.5以上
付与日数	10	11	12	14	16	18	20

（2）週所定労働日数が 4 日以下かつ週所定労働時間が 30 時間未満の労働者の付与日数

週所定労働日数	1年間の所定労働日数※	継続勤務年数						
		0.5	1.5	2.5	3.5	4.5	5.5	6.5以上
4日	169日～216日	7日	8日	9日	10日	12日	13日	15日
3日	121日～168日	5日	6日	6日	8日	9日	10日	11日
2日	73日～120日	3日	4日	4日	5日	6日	6日	7日
1日	48日～72日	1日	2日	2日	2日	3日	3日	3日

（付与日数）

※週以外の期間によって労働日数が定められている場合

図表2-4　年次有給休暇が付与される要件

| 年次有給休暇の発生要件 | ＝ | 雇入れの日から6か月継続勤務 | ＋ | 全労働日の8割以上出勤 |

- 継続勤務とは・・・事業場における在籍期間を意味し、勤務の実態に即し実質的に判断されます。例えば、定年退職者を嘱託社員として再雇用した場合などは、継続勤務として扱う必要があります。

- 出勤率算定に当たっての留意点
- 業務上のけがや病気で休んでいる期間、法律上の育児休業や介護休業を取得した期間などは、出勤したものとみなして取り扱う必要があります。
- 会社都合の休業期間などは、原則として、全労働日から除外する必要があります。

もちろん、勝手に規定を下回って付与日数を決めることは許されず、パート・アルバイトスタッフにも有給休暇は付与されます。

★　「計画的付与制度」導入はモチベーションダウンにつながる⁉

　また、歯科コンサルタントがセミナーで推奨している影響かはわかりませんが、取得率アップのために年休の計画的付与制度を導入する歯科医院があります。私は、この計画的付与を、スタッフを騙すとてもインチキな制度だと思っています。

　計画的付与制度とは、スタッフの有給休暇取得日を経営者の勝手な都合で決める制度です。ありがちなのは、夏季休暇や年末年始休暇に無理やりくっつけて見かけ倒しの長期連休をつくってしまうやり方です。せっかくの有給休暇ですから、自分の希望する日に取得したくないですか？　経営者やコンサルタントは、労務管理に関する制度設計を考える際についつい自分目線になり、その制度設計によって最も影響を受けるスタッフ

第2章　人が集まる募集・採用の仕掛け

の気持ちを忘れがちです。いくらすばらしい制度を設計しても、スタッフのモチベーションが下がっては本末転倒です。ボタンの掛け違いだけはしないように注意しましょう。

有給休暇の取得率については、まずは取得率50％を目標に取り組んでもらいたいと思います。

厚生労働省の「平成28年就労条件総合調査」によると、2015年1年間に企業が付与した有給休暇日数は労働者1人平均18.1日、そのうち労働者が取得した日数は8.8日で、取得率は48.7％となっています。企業規模が小さくなればなるほど取得率は低くなる傾向があります。比較的企業規模としては小さなところが多い歯科医院ですが、計画的付与という小手先のテクニックではなく、労使協力して知恵を出し、工夫した取組みで取得率向上にチャレンジしてもらいたいと思います。

★　歯科医院でも「時間単位年休制度」は導入可能か？

有給休暇のテーマでもう一つ言うと、最近、時間単位年休制度の導入について「育児真っ最中のスタッフから有給休暇を時間単位で取得したいと言われたのですが、どうすればよいでしょうか？」という相談を受けることが増えています。

有給休暇は1日単位の取得が基本ですが、就業規則に規定することで、半日単位での取得も可能です。この場合、午前半休、午後半休した際の始業・終業時間を取り決める必要はありますが、労使協定を結ぶ必要はありません。実際の運用面はそれほど煩雑になることもないでしょう。

ただ、時間単位年休の場合には労使協定が必須です。取得時間単位数などについて制限を設けることはできません。運用面の煩雑さを考慮して、仮に取得時間数を2時間単位とするという協定を結んでも、それは無効となります。制度を導入したら、5日の範囲内で時間を単位として自由に取得させなければなり

ません。

　歯科医院で時間単位年休制度を導入した場合、有給休暇の管理や勤怠管理が面倒になることは、容易に想像できます。小さな歯科医院の院長が、毎日診療もしながらそのような管理にまで手が回るでしょうか。そこまでリスクを冒して導入する必要はないと思います。

　なお、半日有給休暇の具体的な運用方法については、第3章「職場定着のための8つの取組み事例」でご紹介しています。

特徴5　雇用契約書がない

　スタッフを雇う際に、雇用契約書や雇入れ通知書といった書面を交付していない歯科医院が未だにあります。雇用期間、仕事内容、勤務時間や休日、給与の決定などについては、労働基準法で書面交付が義務付けられています（2019年4月からは、改正により、労働者が希望した場合には電子メールやFAXによる明示も認められることとなります）から、交付しないのは明らかに法違反です。パートやアルバイトスタッフの場合、書面交付は必要ないと勘違いしている院長もおられるようですが、大きな間違いです。雇用形態にかかわらず、スタッフを雇う場合には必ず書面で交付するようアドバイスしてください。

特徴6　就業規則がない

　就業規則を整備していない歯科医院も、とても多いです。整備しているのは前述のとおりせいぜい2割で、それも、各都道府県の歯科医師会が用意しているひな形を名称だけ変えて使用しているケースが見受けられます。ひな形を使用するにしても、せめて労働時間や休日・休暇などは実態に合うように修正した上で使用してほしいと思います。

労働基準法では、常時 10 人以上の労働者を使用している使用者に就業規則の作成義務と労働基準監督署への届出義務が生じます。ですから、常時 10 人未満の歯科医院には、就業規則の作成・届出義務はありません。

　だからと言って作成しなくてもよいかというと、私はそうは思いません。常時 10 人未満の歯科医院であっても、就業規則は作成すべきです。

★　常時 10 人未満でも就業規則を作るべき理由①

　第一は、歯科衛生士の新卒採用対策です。企業が内定を出しても、親が反対して辞退されてしまうケースが増えていることは、上述のとおりです。就業規則の整備不足も、親御さんから「就業規則もないような、怪しげな歯科医院に就職なんてするな」と言われるのがオチです。「就業規則のない会社なんてあり得ない」というのが、世間のサラリーマンの常識です。残念ながら「就業規則がない＝ブラック歯科医院」だと判断されてしまいます。

★　常時 10 人未満でも就業規則を作るべき理由②

　第二には、トラブル予防です。揉め事が起きてから「こんなときに就業規則があったらよかったのに」とは、院長がよく口にする言葉です。院長とスタッフ、あるいはスタッフ間での揉め事を予防するためにも、スタッフの権利・義務が規定された就業規則は必ず作っておいたほうがよいです。

　ちなみに、私の会社は私を含めて役員 2 名、スタッフ 4 名の小さな会社ですが、就業規則を作っています。就業規則があるということは、経営者の一方的な都合でのルール変更はできないということをも意味しますので、スタッフの安心感にもつな

がります。ただし、就業規則を定めた以上は、労働基準監督署
への届出の有無にかかわらずそれに則った運用をしなければな
りません。したがって、できもしないルールは就業規則に規定
しないことを肝に銘じておいてください。「シンプル・イズ・
ベスト」です。

★　常時10人未満でも就業規則を作るべき理由③

　第三には、助成金の受給対策です。私の会社が就業規則を作
成している理由には、助成金の受給対策の意味もあります。厚
生労働省の助成金には、多種多様なものがあります。例えば母
子家庭の母など、特定の人をハローワークを介して採用した際
に支給される人材採用系、スキルアップ研修など一定の教育を
実施した際に支給される教育訓練系、パートタイマーから正社
員へ転換するなど、正社員転換制度を導入し、実績が出た際に
支給される制度導入系などがあります。

　制度導入系の助成金では就業規則等に当該関連制度を新たに
盛り込むことが前提になるため、そもそもの就業規則が必要に
なります。もし就業規則がなければ、就業規則自体を作らなけ
ればなりませんので、いざ制度導入系の助成金を受給しようと
思っても、実際には手間や時間が相当かかってしまい、スピー
ディに対応することができません。そうならないためにも、就
業規則は事前に作っておいたほうがよいです。

▌特徴7　賞与がない

　歯科衛生士になるには、歯科衛生士学校に3年間通わなけれ
ばなりません。その上、国家試験を受験し、合格しなければな
りません（**図表1-2参照**）。それだけ多くの時間や学費を投じ
て、初めて取得することができる国家資格の専門家なのです。

第2章　人が集まる募集・採用の仕掛け

その専門家として就職するのですから、賞与くらいほしいと思うのが人情です。専門家として待遇してあげる必要があります。

　中には、「賞与を払った途端にスタッフが辞めてしまった」と愚痴をこぼす院長がいます。なぜ辞める人に賞与を払わなければいけないのか、納得のいかないところなのでしょう。ただそれは、辞める人にフォーカスしていると言えるでしょう。賞与があるおかげで他のスタッフの職場定着につながっていると思えば、とても得した気分になるのではないでしょうか。

　最近は、歯科医院でも賞与制度が普及してきているのを徐々に実感できるようになってきました。応募者から選ばれる歯科医院であるためにも、賞与はあったほうがよいでしょう。

▌ 特徴8　昇給がない

　一方、昇給については、制度化できていない歯科医院も多いです。

　歯科衛生士には20代、30代の独身女性の割合が高いですが、いわゆる若年層であっても、公的年金の支給額の減少リスクや支給開始年齢の引上げリスクなど、将来を不安視している人もいるでしょう。今の時代、独身女性がマンションを購入することもあまり珍しくなくなりました。購入者のほとんどは住宅ローンを組むことになります。ここのところの低金利を受けて返済期間を長くとり、1月当たりの返済額を抑えるプランが多く利用されています。そんなとき、お給料が今より増える見込みがなかったら、どうでしょうか？　安心して住宅ローンを組むこともできません。

　将来のライフプランが描けないような歯科医院は、歯科衛生士から選ばれる時代ではなくなりつつあります。月額のお給料を年に一度数千円でもよいので、定期昇給していく仕組みを導入しましょう。

なお、定期昇給の仕組みの導入は、職場定着にもつながります。毎年昇給していく歯科医院とそうでない歯科医院と、あなたならどちらの歯科医院で働き続けたいですか？　誰もが前者の歯科医院だと答えるでしょう。そのような歯科医院でしたら、安心して働けそうですし、経営も安定しているイメージを持ちませんか？　後述しますが、安心できる職場や安定している職場は、スタッフが職場定着しやすいです。定期昇給の仕組みを導入することには、そのようなメリットもあるのです。

特徴9　365日求人中である

　応募者から見た場合、常に求人中の歯科医院も評価が低くなりがちです。「年中スタッフを募集しているということは、よっぽど人気がないかスタッフの入れ替わりが激しいか、いずれにせよ働きやすい医院ではなさそうだ」と、見られてしまうからです。

　人材不足が常態化していて常に求人をしていたい気持ちはわかりますが、応募者の印象が悪くなることを考えると逆効果です。一旦、求人を取り下げることも必要です。そもそもそのような求人を出しても応募がない状況なのであれば、取り下げても実質的な影響はないでしょう。

　そして、求人内容を見直す良いチャンスだと思って問題がないかを点検してみることです。労働条件やアピールポイントなどが応募者に響く求人内容になっているか、メンテナンスをした上で再開するようにしましょう。

特徴10　始業前に掃除をする職場風土がある

　このような歯科医院もまだあるのではないでしょうか。掃除が仕事なの？と思われる方もいらっしゃるかもしれませんが、

第2章　人が集まる募集・採用の仕掛け

職場の掃除は私的行為でないことは明白なので、仕事と認識すべきでしょう。たとえスタッフが任意で行っている場合でも、業務と位置付けるほうが無難です。

　というのも、任意であれば「掃除をしない自由」もあるからです。その選択をスタッフ任せにしておくと、任意の掃除に協力しないからというだけで、「非協力的」というレッテルを貼られたりして、協力的なスタッフとそうでないスタッフとの間に亀裂が生じかねません。

★　「任意」の行為を少なくしてトラブルの芽をなくす

　職場においては、「任意」という行為をなるべくなくすほうがシンプルですっきりすると思います。そのほうがスタッフにとってもわかりやすいでしょうし、働きやすいのではないでしょうか。

　実は私の会社でも、以前は始業前に掃除をする職場風土がありました。もちろん、私が強制していたものではなく、スタッフの善意で自発的にしてくれていたものです。しかし、スタッフには就業前に家族のお弁当を作ったり、保育園に子どもを送迎したりする人もいて、始業時間前の掃除をする人としない人（できない人）がいました。善意から掃除をしてくれていたことには本当に感謝していましたが、それに甘えることも良くないと思い、掃除は始業時間後に始めるように改善しました。

★　「朝礼」の時間も労働時間として扱う

　ちなみに、ごく稀に始業時刻前に朝礼をしている歯科医院もあるようですが、朝礼も立派な仕事ですので始業時刻後にするようにしてください。そうでないと、早出残業手当の支払いが必要になります。

6 電話離れ、メール離れに対応した採用戦略が必要

　スマートフォンが普及し、コミュニケーションツールも変わりつつあります。電話離れ、メール離れと言えばわかりやすいでしょうか。特にプライベートの場面でその傾向は顕著です。私自身も、以前に比べると電話をかけることやメールを送信することはとても少なくなりました。一方、LINE や Facebook といった SNS を使うことが多くなりました。一昔前までは連絡を取り合うために電話番号を交換するのが一般的でしたが、今では LINE 交換や Facebook からのメッセンジャーでつながることも多くなり、コミュニケーションのプラットホームは大きな転換期に来ています。

時代と共にコミュニケーションが変わった
→人材採用のやり方も当然変わります

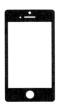
消費者の9割が
スマホへ

メールを見ない
人が増加

電話もしない
人が増加

コミュニケーションのプラットフォームは
大きな転換期に来ています。

採用ページのスマートフォン対応が必要

　人材採用においても同様です。すでにお話しした採用マーケティングを思い出してください。スマートフォンが採用戦略のすべてを変えようとしているのですから、それに対応した採用戦略を考える必要があります。

　今どき、ホームページを持っていない歯科医院は少ないとは思いますが、採用専用ページを備えている歯科医院はまだまだ少数派のように思われます。まして、スマートフォンに対応した採用専用ページともなれば、一体どの程度の歯科医院が持っているのでしょうか。詳しく調査したことはありませんが、おそらく1割もないのではないでしょうか。

　そう考えると、「スマートフォン対応の採用専用ページ」という新たな武器を持つだけで人材採用において勝ち組歯科医院になれる可能性が高まると言えます。いわゆる先行者利益を狙えるわけです。

ユーザーにとって使い勝手の良いページ構成が必要

　中には、せっかく「スタッフ採用情報」といった採用ページを歯科医院本体のホームページ上に掲載しているにもかかわらずとても残念なケースが見受けられます。応募フォームがなかったり、「問合わせ先」としてその歯科医院の電話番号やメールアドレスだけが記載されていたりするのです。

　応募フォームは、必ず用意してほしいコンテンツです。応募フォームがあることで、応募者は採用エントリーに必要な情報は何かがわかり、入力（歯科医院に情報提供）することができます。応募フォームがなければ、応募者はどういった情報を歯科医院に提供すればよいかがわからず、イライラとストレスを感じて、そのページから離脱してしまう（去ってしまう）かも

しれません。応募の可能性があった人材をみすみす逃がしてしまうことになり、とてももったいないです。

　ホームページを設計する際に大切なことは、ユーザーを迷子にさせないことです。採用ページでのユーザーとは、応募者のことです。応募者を迷子にさせてはいけません。ストレスなく応募者に情報を送信してもらうところまで誘導することが大切になります。

　問合せ先として電話番号やメールアドレスだけを記載しているページでは不十分、というのも同様です。採用ページとしては配慮がなさすぎます。すでに述べたとおり電話離れ、メール離れのコミュニケーションの時代です。その意味でも、応募フォームは必須です。

第２章　人が集まる募集・採用の仕掛け

ハローワークの求人サービスを最大限有効活用する

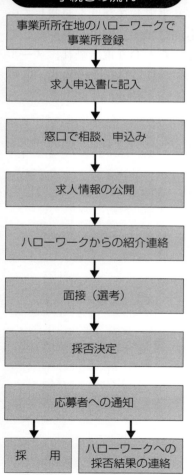

図表 2-5 求人申込手続きの流れ

- 事業所所在地のハローワークで事業所登録
- 求人申込書に記入
- 窓口で相談、申込み
- 求人情報の公開
- ハローワークからの紹介連絡
- 面接(選考)
- 採否決定
- 応募者への通知
- 採用 / ハローワークへの採否結果の連絡

　スタッフを募集する際、ハローワークをうまく活用していますか？

　採用マーケティングのところでスマートフォンで転職活動する話しを取り上げましたが、募集ルートも多様化したとはいえ、今なおその王道はハローワークだということもまた、事実なのです。詳しくは後述しますが、ハローワークに出した求人情報がインターネット検索につながるというメリットもありますので、ここではハローワークを活用するメリットについてお話ししたいと思います。

　ハローワークでの求人申込みの手続きの流れは、左のとおりです（**図表 2-5**）。

検索サイトを通じてハローワークの求人情報を閲覧してもらえる

　先ほど「ハローワークに出した求人情報がインターネット検索につながるというメリットもあります」と申し上げました。

　ここではその詳細をお話しますが、その前に「Indeed（インディード）」の説明をします。

　Indeed とは、求人情報専門の検索エンジンのことです。求人情報検索に特化した Google のようなサイトだと思っていただけると、イメージしやすいでしょう。各種求人サイトや企業の求人ページなど、数千ものウェブサイトを巡回して求人情報を収集しています。この中には、ハローワークの求人情報も含まれます。一言で言えば、求人情報の卸売市場です。従来は媒体ごとに求人情報を提供する必要がありましたが、Indeed は、媒体の垣根を越えて情報を収集してくれるのです。つまり、求人情報がわんさか集まっている市場のようなサイトです。求職者からすれば、媒体の垣根を越えて情報にアクセスできるのでとても利便性があります。

図表 2-6　Indeed トップページ

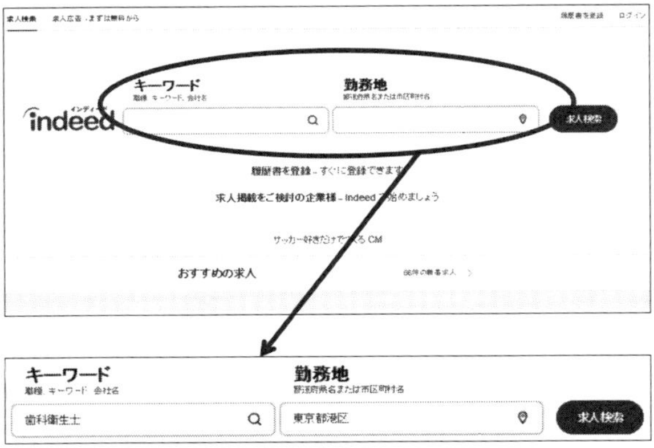

第２章　人が集まる募集・採用の仕掛け　75

つまり、ハローワークに求人を出し、併せてインターネット上でもその求人情報を公開してもらえれば、Indeed を通じて求職者に検索される可能性があるということです。しかも無料で!!　これが、現在でもハローワークに求人を出すメリットです。

　なお、Indeed の検索結果は求人情報の掲載元へリンクされていますので、求職者は掲載元で求人情報の詳細を確認することができます。

　Indeed で求職者が求人情報を検索する際は、職種やキーワードなどを入力するところと、勤務地を入力するところの2つのテキストボックスが用意されています（**図表2-6**）。求職者がそれらを入力すると条件に合致する求人情報が表示される仕組みです。

備考欄まで使ってなるべく多くの情報を掲載する

　ハローワークの求人票には、事業所登録シートと求人申込書に記載した内容が反映されます。この2つの書類を提出すれば、最大3か月間無料で求人情報を掲載することができるのです。労働条件はもちろん、詳しい仕事内容、歯科医院の紹介といった豊富な情報を、相当な文字量で掲載することができます。

　先日、とある歯科医院の求人票を添削する機会がありました。その求人票は文字量（情報量）が少なく、中身もスカスカで、ごくごく一般的な内容に終始した求人票でした。事業内容欄、会社の特長欄も余白が多く、備考欄にも何も記載されていませんでした。

　この備考欄には、ぜひ事業内容欄や会社の特長欄でスペースの都合上書ききれなかったことを記載したり、その歯科医院で働くメリットを記載したりしてください。

　記載例は、私の会社のものです（**図表2-7**）。これを見ていただけばおわかりかと思いますが、この文字量を無料で掲載で

図表 2-7 求人申込書記載例

求人申込書 〔※該当する申込内容について○で囲ってください。 （フルタイム）・パート・季節・出稼ぎ ※裏面もあります。忘れずにご記入ください。〕【表面】

□に印をつける場合は、|のように「|」を記入してください。

受理日 00711（年 月 日）

2 3 2 1 1

求人区分 1：1（1フルタイム 2パート 3季節 4出稼ぎ） 2：□（1沖縄 2障害者 3訓練 4自衛隊 5障害者訓練）

紹介期限 00930（年 月 日）

欄	項目	記入内容
1欄	事業所番号	2501-615019-9
	（ふりがな）事業所名	いーじんじかぶしきがいしゃ e- 人事株式会社
	公開希望	|
2欄	職種	一般事務
	派遣・請負（派遣又は請負により、他の事業所で就業する場合は、チェックしてください。）	□・□
3欄	仕事の内容	社労士事務所併設の人事コンサルタント会社において ・パソコンを使用したデータ入力 （適性検査のデータ入力） ・電話対応 ・来客対応 等 ＊【トライアル雇用併用求人】 ＊【若者応援宣言企業】「若者応援宣言 PR シート」で詳細な企業情報・採用情報を掲載しています。厚生労働省が運営する専用サイト「ユースエール認定企業・若者応援宣言企業検索システム」でご覧になれます。
	学歴（履修科目）	不問 |
	必要な経験等	パソコン操作（ワード、エクセル）
	必要な免許・資格	不問 |
4欄	雇用形態	1（2正社員以外を選んだ場合の名称及び特記事項〔 〕）
	雇用期間	1（1雇用期間の定めなし 2雇用期間の定めあり（4ヶ月以上） 3雇用期間の定めあり（4ヶ月未満） 4日雇） 期間 年 月 日～年 月 日 又は ヶ月
5欄	就業場所	登録地図番号 01 ※就業場所の所在地及び事業所名（支店名等）を記入してください。 〒520-0837 滋賀県大津市中庄1丁目15番28号 （ 京阪中ノ庄駅 ）下車徒歩（ 1 ）分
	転勤の可能性	あり □ 転勤範囲〔 〕
	契約更新の可能性の有無	あり□〔原則更新□・条件あり□〕・なし□
6欄	採用人数	1人 住込□
	年齢	不問□・制限あり □□歳以上～34歳以下
	年齢制限該当番号	26
	年齢制限の理由	特定年齢層の雇用促進のため、国の施策の対象者に限定（若者応援宣言企業）
7欄	就業時間	(1) 0900～1800（時 分～時 分） (2) ～ (3) ～
	又は	～ の間の 時間 以上・程度
	時間外	あり | ・なし□ → 月平均 1時間
	休憩時間	60分
	該当する場合のみ記入	□（1特定曜日のみ(2)(3) 2交替制 3フレックス 4裁量 5変形）→□（1 1ヶ月単位 2 1年単位 3 1週間単位 非定型的）
	就業時間に関する特記事項	残業になる月はほとんどない
8欄	休日	月□ 火□ 水□ 木□ 金□ 土| 日| 祝| 他|
	休日、週休二日制のその他の場合	お盆、年末年始
	週休二日制	1（1毎週 2隔週 3その他 4なし）
	6ヶ月経過後の年次有給休暇日数	10日
	週所定労働日数（パートの場合のみ記入）	週 □日～□日 以上・程度・以内
	年間休日数（フルタイムの場合のみ記入）	124日
9欄	従業員数	企業全体 3人 就業場所 3人（うち女性 3人）（うちパート 2人）
10欄	加入保険等	事業所登録内容に同じ | 異なる場合：雇用□ 労災□ 公災□ 健康□ 厚生□ 財形□ 企業年金□ 退職金制度□→勤続□年以上 退職金共済□
11欄	定年等	事業所登録内容に同じ | 異なる場合：定年制 あり□〔一律□→□歳〕・なし□ 再雇用 あり□→□歳まで 勤務延長 あり□→□歳まで

2015.03【裏面へ】

求人申込書　【裏面】

※表面もあります。忘れずにご記入ください。

ハローワーク以外への情報公開
- 1 地方自治体、民間人材ビジネス共に可
- 2 地方自治体のみ可
- 3 民間人材ビジネスのみ可
- 4 地方自治体、民間人材ビジネス共に不可

`2 3 2 1 2`

1欄　事業所番号 `2501-615019-9`　事業所名　e- 人事株式会社

12欄　入居可能住宅
単身用 あり・□　世帯用 あり・□　入居可能住宅なし □
入居可能住宅に関する特記事項
託児所　利用可 あり・なし □
託児所に関する特記事項

13欄　賃金形態
1　1月給　3日給　4月給　5年俸　6その他
フルタイム求人で月給以外の場合はその額、パート求人で時給以外の場合はその額
〜
月平均労働日数 `200`日　フルタイムの場合のみ記入
フルタイム求人の場合は基本給の月額（換算額）を、パート求人の場合は時間額（換算額）を記入
6その他の内容を記入

14欄　賃金（税込）
a 基本給（月額平均）又は時間額
`150000`円
`180000`円
b 定額的に支払われる手当
手当　円〜　円
手当　円〜　円
手当　円〜　円
手当　円〜　円
a＋b
`150000`円
`180000`円
c その他の手当等付記事項

15欄　賃金締切日
毎月 月末 その他
`15`日・□・□　→ 詳細を「求人条件にかかる特記事項」に記入
賃金支払日
毎月 当月 翌月 月末 その他
`25`日・□・□・□・□　→ 詳細を「求人条件にかかる特記事項」に記入

16欄　通勤手当
上限 あり・上限 なし □・一定額 月額　日額 なし
（上限額）円　円
マイカー通勤 可・不可 □　マイカー通勤に関する特記事項

17欄　昇給
あり □　ベースアップの前年度実績（フルタイムの場合月あたり、パートタイムの場合時間あたり）
円　円　又は　％〜　％・なし □

18欄　賞与
あり □（前年度実績）年 `2`回・計　月分　又は　〜　万円・なし □

19欄　選考方法
面接 書類選考 筆記試験 その他
□ □ □　適性検査
選考結果通知
即決 その他
□・`10`日・□
ハローワーク紹介状 写真貼付 履歴書 ジョブ・カード 職務経歴書 その他
□□→□ □ □ □ □　筆記用具持参
前職の選考の省略
求人者の職場にて実施
□□

選考日時
随時 その他
□・`8月8日`　※別途相談可
通知方法
郵送 電話 Eメール その他
□ □ □→その他
登録地図番号 事業所所在地
`02`
試用期間
あり □・なし □ 期間・同条件 変更あり □・条件□
3ヵ月　時給850円

担当者
課係名・役職名　代表取締役
氏名（ふりがな）　牧 伸英

電話番号
事業所登録内容に同じ □・異なる場合ご記入ください。（例 03-1234-5678）　内線

FAX
事業所登録内容に同じ □・異なる場合ご記入ください。　　−　　−

Eメール
事業所登録内容に同じ □・異なる場合ご記入ください。　携帯メールアドレスは不可
ハローワークからの連絡の際の連絡方法として優先する方にチェックしてください。 FAX Eメール □ 又は □

20欄　求人条件にかかる特記事項
* トライアル雇用併用求人　トライアル中の条件：試用期間に同じ
* 8月8日に選考を予定しています。ご都合のつかない方は、別途ご相談ください。その場合、選考場所は事業所所在地です。
* You Tube で企業説明会等を公開中
　「求人 大津 事務職」で検索

※ 外国人雇用実績 あり・(なし)（過去3年以内）

21欄　備考
事業所内公正採用選考・人権啓発担当者：無

* 有給取得率：86％（時効内 100％取得）
* 月1回ランチミーティング、バースデー茶話会等あり
女性活躍推進企業（県内第1号認証企業）
企業年金（確定拠出年金）導入予定

きるのです。有料の求人広告に掲載しようとしたら広い掲載スペースが必要となり、費用も跳ね上がります。それがいくら情報を盛り込んでも無料なのですから、後は工夫次第です。

ちなみに、私の会社では女性活躍推進やワークライフバランスの重視を採用活動における強みとしていますので、それをアピールする求人票になっています。募集ターゲット像は、20代の女性です。歯科医院も女性中心の職場ですから、応募者に響くアピールの切り口として、弊社の求人票は参考にしていただけると思います。

採用する人によっては助成金がもらえることもある

特定求職者雇用開発助成金は、高年齢者、障害者、母子家庭の母などの就職困難者を、ハローワーク等（※）の紹介により、継続して雇用する労働者（雇用保険の一般被保険者）として雇い入れる（パートタイマーでもOK）事業主に対して、支給されます。

歯科医院の場合、母子家庭の母を採用したような場合が考えられます。職種は、歯科衛生士でも、歯科助手でも構いません。例えば、母子家庭の母を歯科助手で正規スタッフとして採用したようなケースであれば、60万円支給される可能性があります。実際に受給にはその他の要件も必要になりますが、ハローワークを通さずに直接採用した場合はこの助成金の支給対象になりません。後から残念がる事業主を今まで数多く見てきました。助成金のもらい損を防ぐ意味でも、採用活動をする際には、ハローワークにも求人を出しておきましょう。

支給額は**図表2-8**のとおりです。

※ハローワーク、地方運輸局、雇用関係給付金の取扱に係る同意書を労働局に提出している特定地方公共団体、有料・無料職業紹介事業者または無料船員職業紹介事業者

第2章 人が集まる募集・採用の仕掛け

図表 2-8 特定求職者雇用開発助成金（厚生労働省リーフレット）

【平成29年7月現在】支給要件などが変更される場合があります。念のため、都道府県労働局またはハローワークにご確認ください。

高年齢者、障害者などの就職困難者を雇用する事業主をサポートします！！

特定求職者雇用開発助成金
（特定就職困難者コース）のご案内

高年齢者、障害者、母子家庭の母などの就職困難者を、ハローワーク等[※]の紹介により、継続して雇用する労働者（雇用保険の一般被保険者）として雇い入れる事業主に対して、助成金を支給します。

※ ハローワーク、地方運輸局、雇用関係給付金の取扱に係る同意書を労働局に提出している特定地方公共団体、有料・無料職業紹介事業者または無料船員職業紹介事業者

＜支　給　額＞

対象労働者に支払われた賃金の一部に相当する額として、下表の金額が、支給対象期（6か月）ごとに支給されます。

※ （ ）内は中小企業以外の企業に対する支給額・助成対象期間です。

【短時間労働者以外】

対象労働者	支給額	助成対象期間	支給対象期ごとの支給額
高年齢者（60歳以上65歳未満）、母子家庭の母等	60（50）万円	1年	30万円 × 2期 （ 25万円 × 2期 ）
身体・知的障害者	120（50）万円	2年（1年）	30万円 × 4期 （ 25万円 × 2期 ）
重度障害者等（重度障害者、45歳以上の障害者、精神障害者）	240（100）万円	3年 （1年6か月）	40万円 × 6期 （ 33万円※ × 3期 ） ※第3期の支給額は34万円

【短時間労働者】

対象労働者	支給額	助成対象期間	支給対象期ごとの支給額
高年齢者（60歳以上65歳未満）、母子家庭の母等	40（30）万円	1年	20万円 × 2期 （ 15万円 × 2期 ）
障害者	80（30）万円	2年（1年）	20万円 × 4期 （ 15万円 × 2期 ）

※1 対象労働者は、雇入れ日現在の満年齢が65歳未満の方に限ります。
※2 短時間労働者とは、一週間の所定労働時間が、20時間以上30時間未満の労働者をいいます。
※3 中小企業とは、業種ごとに下表に該当するものをいいます。

小売業・飲食店	資本金もしくは出資の総額が5千万円以下または常時雇用する労働者数50人以下
サービス業	資本金もしくは出資の総額が5千万円以下または常時雇用する労働者数100人以下
卸売業	資本金もしくは出資の総額が1億円以下または常時雇用する労働者数100人以下
その他の業種	資本金もしくは出資の総額が3億円以下または常時雇用する労働者数300人以下

 厚生労働省・都道府県労働局・ハローワーク

LL290718履企01

採用動画でオンライン会社説明会を開く

　動画サイトのYouTubeはご存知だと思いますが、実際に動画を投稿した経験のある人は多くないでしょう。セミナーで参加者に投稿の有無を質問しても、投稿経験者はだいたい1割くらいです。

　しかし、YouTubeは、閲覧はもちろん、投稿も完全無料です（一部の有料コンテンツを除く）。YouTubeに投稿すれば、このサービスが続く限り半永久的に無料で動画情報をストックすることができるだけでなく、検索サイトの検索結果として表示される可能性もあります。

　このサービスを採用活動で利用しない手はありません。私は、オンライン会社説明会として利用する方法を考えました。

リアルの会社説明会の開催には費用対効果の問題がある

　通常、会社説明会を開催するには会場が必要です。会場選定からその予約、設営、撤収などの作業も発生し、相当の作業時間が必要になります。会場を借りる費用もかかりますが、開催しても来場者（応募者）が少なかったり開催自体できなかったりする可能性があり、コストに見合う結果が得られるとは限りません。実は、リアルの会社説明会を開催すること自体に大きなリスクがあるのです。

　YouTubeに投稿した動画で会社説明会を開催すれば、何回開催（再生）しても費用はタダです。一度アップしてしまえば、基本的にメンテナンスフリーでその後の手間もかかりません。ぜひトライしてみてください。

第2章　人が集まる募集・採用の仕掛け

動画コンテンツは検索結果で上位に表示される

　採用活動に YouTube を利用するメリットは、もう1つあります。
　それは、SEO 対策です。SEO とは、検索エンジン最適化といわれるもので、検索サイトに自社のホームページなどを上位表示させるテクニックです。
　YouTube は、Google 検索ととても相性が良いといわれています。このテクニックを活用して、YouTube で動画を見た求職者から応募してもらうのです。

 YouTube に採用動画をアップする方法

　「動画を YouTube に投稿する」と聞くと、投稿経験のない方は少し心理的なハードルを感じるかもしれませんが、実はそんなに難しいものでもありません。それは慣れの問題です。1本目の動画を投稿するまでは心理的なハードルを感じることもあるでしょうが、2本目以降は気持ちも楽になり、投稿自体を楽しく感じられるようになるかもしれません。
　以下では、このサービスを活用してオンライン上で会社説明会を開く方法を紹介します。それぞれの手順に関する詳しい説明は、参考サイト（印刷されている QR コードをスマートフォンのカメラアプリ等で読み取ってアクセスすることも可能です）に掲載されていますので、そちらをご確認ください。参考サイト以外にも、検索サイトで「YouTube　アカウント」「YouTube　投稿」などのキーワードを入力して検索すると、ほかにも参考になるサイトがいろいろと表示されますので、自分に合った見やすいサイトをご覧ください。

★　YouTubeのアカウントを作成する

　まずは、YouTubeのアカウントを作成してみましょう。
　Googleアカウントを持っている方であれば、今すぐにでも自分のYouTubeアカウントを作成することができます。
　GoogleアカウントはGoogleのサービスを利用するためのもので、Gmail等Googleが提供するサービスを利用したことがある方であれば、すでにお持ちのはずです。

（参考サイト）
https://support.google.com/youtube/answer/161805?co=GENIE.Platform%3DDesktop&hl=ja

---

★　動画をアップする

　YouTubeアカウントを作成すれば、動画をアップすることができます。

（参考サイト）
https://support.google.com/youtube/answer/57407?co=GENIE.Platform%3DDesktop&hl=ja

---

第2章　人が集まる募集・採用の仕掛け

▌ 動画のクオリティは高くなくても OK

　私たちが目指す採用動画は、プロ仕様の動画ではありません。いわゆる魅せる動画を作る必要もなく、素人感丸出しの採用動画でも何も問題ありません。むしろ、素人感丸出しの動画のほうが親しみやすく、歯科医院の雰囲気がよく伝わるかもしれません。魅せる動画を追求し過ぎて演出が盛り沢山の動画では、入社後のギャップから早期離職にもつながることさえあります。採用動画の場合、基本は等身大の歯科医院を映し出す素人感のある動画で十分です。

　私は、自分の会社のスタッフの採用活動でも、この YouTube によるオンライン会社説明会を実施しました。動画制作の専門知識もない私でも作れるレベルですから、大丈夫です。

▌ 動画によるオンライン会社説明会の例

　ご参考までに、私がアップした動画を紹介します。
　「大津　事務職　正社員」とキーワードを入力して Google で検索してみてください。検索結果を見ていくと、私が YouTube にアップした動画が、サムネイル画像とともに下の画像のように表示されます。

　「e-人事では正社員の事務職を求人中（勤務地大津）」というタイトルバーです。その画像をクリックすると、動画が再生されます。見つけられない場合は、右記から直接ご覧ください。

URL：https://www.youtube.com/watch?v=
　　　JIQMhdV5LHE

　この動画は、スマートフォンで自撮りしたものです。朝6時過ぎくらいに事務所に来てパッと撮りました。顔出しすることに抵抗のない方は、このように自撮りしてもよいでしょう。院長自身の言葉で、応募者に向けて人材採用について熱い気持ちを語ってみてください。

　動画は、単なるテキストだけの文字情報に比べると伝わりやすさが1,000倍以上といわれています。今の時代、動画を活用しない手はありません。

▌スライド動画を活用する手もある

　ご自身が顔出しすることに抵抗のある方でも、動画によるオンライン会社説明会は開催できます。それは、PowerPointで作るスライド動画を利用する方法です。

　まずは、こちらの動画をご覧ください（少し声が小さいため、イヤホンをご使用されることをお勧めします）。

URL：https://www.youtube.com/watch?v=
　　　bMbuywbvqgU

第2章　人が集まる募集・採用の仕掛け　85

この動画は、PowerPoint で作成したスライドを動画にしたものです。パソコンにマイクを接続すれば、音声も録音することができます。

　例えば、PowerPoint2013 なら、「スライドショー」タブの中にある「スライドショーの記録」機能を使って、簡単にこのような動画を作成することができます。ソフトのバージョンによって作成方法が異なるかもしれませんが、「パワポ　動画作成」などのキーワードで検索してもらうと、作成方法を教えてくれるサイトが簡単に見つかると思います。

　このようなスライド動画であれば、顔出しの必要はありません。私は、このスライド動画を採用活動用に全部で 4 本用意しました。会社の経営理念や価値観に関するスライド動画です。ご参考までに URL を紹介しますので、よろしかったらご覧ください。

◆経営理念＆価値観について
URL：https://www.youtube.com/watch?v=bMbuywbvqgU

◆沿革＆由来について
URL：https://www.youtube.com/watch?v=OwfUpcOqXwo

◆求める人材像について
URL：https://www.youtube.com/watch?v=Hbly-vnlkrw

◆７つの魅力について
URL：https://www.youtube.com/watch?v=wkQi68KU4vM&t=17s

リファラル採用の導入で採用ルートを確保する

　リファラル採用とは、今在籍しているスタッフに友人・知人などを紹介してもらう採用手法です。お友だち紹介制度と言えばイメージしやすいかもしれません。昔から、友人・知人を自分の会社に紹介することはありましたが、これを採用手法として制度化したものです。人材不足が常態化している歯科業界においては、今後の有力な採用手法の一つだと思います。

 歯科医院におけるリファラル採用の導入

　それでは、どのように制度化すればよいのかを具体的にご説明します。
　例えば、スタッフが自分の友人を自院に紹介します。その友人が採用選考を経て内定、そして入社に至ったとします。その後、半年、1年と勤務した場合に、医院から紹介元であるスタッフに「紹介手当」として報奨金が支払われるという仕組みです。
　報奨金については、給与規程などで紹介料を手当として支給する旨を規定し、支給額や支給条件なども明確化してください。
　報奨金の額は各社各様ですが、私の印象では5万円から20万円が多いです。ある医療機関では、看護師のリファラル採用で50万円支給しているケースも見られますが、これは稀なケースでしょう。

 導入メリット①　採用コストの面でおトク

　通常の人材紹介会社であれば、紹介した人材の年収に対して

少なくても20％程度は紹介手数料として支払うことになるでしょうから、仮に年収300万円の歯科衛生士の紹介を受けたようなケースであれば、紹介会社に支払う紹介手数料が60万円くらい必要になります。

そうなると、5万円から20万円のコスト（報酬金）で採用に直接つながるリファラル採用は、歯科医院にとってもコスト的に大きなメリットがあります。

▎導入メリット②　まじめなスタッフを採用できる

歯科医院にとってのメリットは、コストの面だけではありません。

実際に紹介された人材は、紹介元の友人に自分が入社したことで迷惑をかけたくないと思うのが人情なので、比較的まじめに働くことが多いです。

また、紹介元となるスタッフも、紹介した友人の評判は自分の評判にも関わることなので、歯科医院にとってあまり相応しくない人を紹介することもないでしょう。

さらに、その歯科医院での仕事内容や実情、職場風土なども事前に紹介元からいろいろと話を聞いていることが多いので、採用に結びつく可能性が高く、選考の負担が少なく、入社後の定着率も高いことが期待できます。

▎導入メリット③　スタッフが人材を探してきてくれる

このリファラル採用を導入すると、直接的な友人はもとより、医業交流会や女子会、歯科衛生士学校時代の同期会などで、機会を見つけてスタッフが意欲的に採用活動をしてくれるようになることが期待できます。

紹介したい友人に対する直接的な活動だけでなく、LINEや

第2章　人が集まる募集・採用の仕掛け　89

Facebook といった SNS 等でつながっている友人や、そのコミュニティに参加している友人などが、リファラル採用に発展する可能性もあります。会社によっては、全社員の1割以上がこのリファラル採用で入社している時代なので、今後も伸び代がある採用手法だと言えます。

報奨金支給に関する留意点

そうは言っても、早期離職するリスクは秘めています。

ですから、紹介元のスタッフに支払う報奨金の支給条件には工夫が必要です。入社はしたが試用期間中に退職した場合や半年で退職した場合など、短期間で離職してしまった場合の報奨金の有無等について、考えておく必要があります。

特段決まったルールはないため、それぞれに決めていただいてよいのですが、例えば、入社から半年後に報奨金の半額を支給し、さらに半年（入社から1年）後に残りの半額を支給するという取扱いでもよいと思います。この報奨金の目的は、あくまでも人材確保にあります。せっかく採用しても定着しなければ支払う意味がありません。試用期間を経て正式採用されたことだけをもって支給条件とするようなことはやめたほうがよいでしょう。

また、支給条件には紹介元のスタッフに関する在籍要件も加えることをお勧めします。報奨金を支払う時期に紹介元のスタッフが医院を辞めている（在籍していない）場合には、報奨金を支給しないというルールにしておいたほうがよいです。

報奨金の支給は職業安定法に抵触するか？

このリファラル採用について、「人材紹介業との関係はどうなのでしょうか？」という質問をいただくことがあります。簡

（定義）

第4条 この法律において、『職業紹介』とは、求人及び求職の申込みを受け、求人者と求職者との間における雇用関係の成立をあっせんすることをいう。

（報酬の供与の禁止）

第40条 労働者の募集を行う者は、その被用者で当該労働者の募集に従事するもの又は募集受託者に対し、賃金、給料その他これらに準ずるものを支払う場合又は第36条第2項の認可に係る報酬を与える場合を除き、報酬を与えてはならない。

単に言えば、このリファラル採用の仕組みが、いわゆる人材紹介業に該当しないのか？という点です。

　この点、人材紹介業の根拠法でもある職業安定法には上記のように規定されています。

　わかりやすく言うと、第40条は、紹介元のスタッフに対し、採用活動の見返りとして報酬を支払うことは禁止するが、賃金や給料として支払うことまでは禁止しない、ということを規定しています。

　したがって、リファラル採用の仕組みは業法違反にはならず、職業安定法にも抵触しないと考えられます。

第2章　人が集まる募集・採用の仕掛け　91

10 認定マークの取得で魅力をアピールする

■「サイバー法人台帳 ROBINS」経営労務診断サービス

「サイバー法人台帳 ROBINS」（**図表 2-9**）をご存知ですか？
これは、企業の基本的な情報や資格情報、経営労務情報、表彰
履歴などのアピール情報、各種宣言等のコンプライアンス情報
について、毎年 1 回、第三者（社会保険労務士や行政書士、司
法書士等）が確認を行い、公開する企業情報データベースです。
登録企業は、法人番号情報に基づいているので、200 万社以上
あります。

　ここに掲載される「信頼への取組み」に関する情報は、第三
者、しかも国家資格者等よって企業の健全性が確認・診断され
たものですから、客観性が担保できます。取引先等にとって信

図表 2-9　サイバー法人台帳 ROBINS トップページ

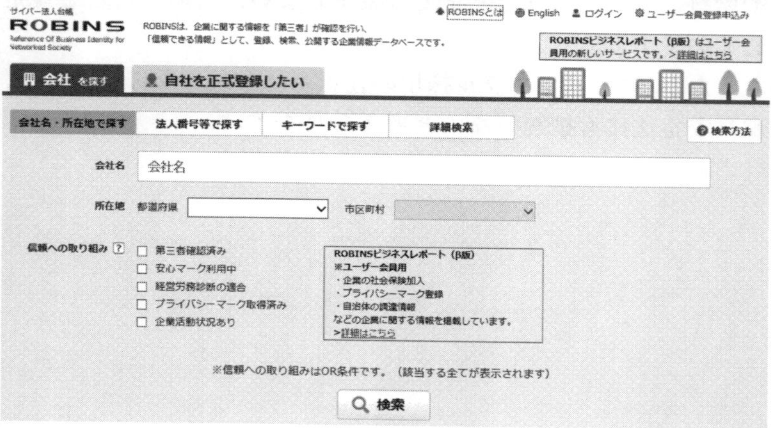

図表2-10　経営労務診断サービス

信頼される企業へのステップアップ
経営労務診断サービス

人事労務の長所、埋もれたままにしていませんか？

- ☑ 自社の優れた点を**アピールできていない**
- ☑ 労務管理の情報収集に手が回らない。**法令順守できているか不安**
- ☑ 良い人材を集めたいが、**関心が持たれない**
- ☑ 海外の企業や外資系企業に**存在感を示したい**
- ☑ 取引先に、**信頼できる企業情報**として活用してもらいたい

経営労務診断サービスで健全性をアピール。企業価値が大きくアップします！

経営労務診断サービスは、「**安心安全な取引が可能な企業**」「**快適な職場環境を有している企業**」であることを社会保険労務士が確認し、インターネット上で表明するものです。企業のアピール内容が客観的事実として取引先や求職者に信用されます。また、多様な働き方の推進による企業の持続的な成長を社会保険労務士が支援します。

※診断を受ける企業は、ROBINS 掲載料と経営労務診断の診断料が必要となります。

 診断・アドバイス ← → 情報公開
経営者・社員　　社会保険労務士　　サイバー法人台帳 ROBINS

 POINT 1　「人を大切にする企業」であることをアピールできます。
成長する企業は人を大切にします。専門家の診断を受けることで最適な経営労務管理を実現します。一億総活躍社会に向けて取り組む企業としてアピール。
自社の差別化

 POINT 2　有為な人材の確保につながります。
求人票やホームページの人材募集ではわからない企業の人事・労務実態を求職者に正確に伝えます。企業と人のベストマッチングの足がかりに。
優秀な人材確保

 POINT 3　人事・労務面の健全性を証明します。
診断を受けた企業には「経営労務診断シール」を配布。自社 Web サイトに貼り付けて、企業の健全性を示すシールとして活用できます。
ブランディング向上

 全国社会保険労務士会連合会
JAPAN FEDERATION OF LABOR AND SOCIAL SECURITY ATTORNEY'S ASSOCIATIONS

第2章　人が集まる募集・採用の仕掛け

☑「サイバー法人台帳 ROBINS」に登録したら、経営労務診断サービスを！

社会保険労務士が診断した結果は、「サイバー法人台帳 ROBINS」サイトへ掲載・公表することができます。診断情報を「サイバー法人台帳 ROBINS」に掲載する企業は、基本規定コンプライアンスをクリアした企業ということになり、取引先や求職者へ企業の健全性と将来性をアピールできます。

- ■労務リスクの低減につながる⇒経営マネジメントの向上
- ■実在証明になる⇒求職者や取引先の確保
- ■働きやすい企業風土が醸成⇒人材定着率の向上
- ■事業の特徴や強みをアピール⇒売上向上
- ■取引先の信用情報を確実に把握⇒外資系企業との連携
- ■事業の展開支援が受けられる⇒海外進出

経営労務診断サービスで公表できること

経営労務診断適合（ホワイト企業宣言）
経営労務診断に適合した企業に、適合シールと、「ホワイト企業」としての宣言を掲載できます。

事業者コメント
事業者からの消費者や求職者に対するメッセージを込めたコメントが掲載できます。

経営労務管理情報
経営労務に関する情報を、細かく掲載でき、信用度を高めます。
- ●経営労務管理に関わる基本規定
- □法定帳簿　□人事労務関連規程
- □人事労務管理体制　□社会保険・労働保険
- □組織関連規程
- ●経営労務管理に関わる基本的数値情報
- □従業員情報　□就業情報　□労務管理情報

診断した社会保険労務士情報・電子署名
診断した社会保険労務士の署名を入れることで、情報の信頼性を高めます。

経営労務診断シール

社会保険労務士による経営労務診断を受けて適合した企業には、「経営労務診断シール」の使用が認められます。自社 Web サイトや名刺に専用ロゴを表示することで、人事労務の適正化に積極的に取り組んでいることが「見える化」します。

 → →

診断を受けた企業 WEB サイトに経営労務診断ロゴを表示し経営労務への取り組みをアピール

ロゴをクリック

経営労務診断の結果を表示

経営労務診断サービスを受けたい方は、最寄りの経営労務診断の資格を持つ社会保険労務士へご相談ください。

診断の資格を持つ社会保険労務士は ROBINS サイトより検索できます。
1. ROBINS 検索サイト(https://robins.jipdec.or.jp/robins/)へアクセス。
2. 「自社を正式登録したい」から、「目的」の「経営労務診断を登録する（社会保険労務士）」にチェック。所在地や氏名で検索し、相談したい社会保険労務士の名前をクリック。
3. 事業者を代表する Web サイトもしくは「主たる事業所の代表電話番号」から「経営労務診断サービスを受けたい」とご連絡。

お問い合わせ先

ぜぜ社労士事務所
社会保険労務士　牧　伸英
TEL(077)522-0354
〒520-0837
滋賀県大津市中庄一丁目15番28号

頼できる評価というだけでなく、求職者にとっても同様のことが言えるでしょう。

企業の経営労務管理に関わる基本規定（就業規則等）および基本的数値情報（平均勤続年数等）に関する診断項目について、法令にかかる部分（必須項目）をクリアすると、社会保険労務士の電子署名を付して掲載・公表されます。

★ 経営労務診断適合シールが発行される

社会保険労務士による経営労務診断を受けた適合企業には、「経営労務診断適合シール」が発行されます（**図表2-11**）。

このシールは、ホームページに掲載することもできるので、ブラック企業でない証の一つとして、応募者へのアピールにも役立つでしょう。

「サイバー法人台帳ROBINS」に掲載されている企業のうち、経営労務診断に適合する企業の数は、約100社です（2018年

図表2-11　経営労務診断適合シール（見本）

10月時点)。診断を受けた企業の業種はさまざまですが、「歯科医院」で検索すると、3,000近い登録数のうち、経営労務診断に適合する医院としてヒットするのは1医院です。

★　将来的に採用活動にプラスにつながる可能性がある

　介護事業や保育事業を展開している企業なども経営労務診断を受けていることから、人材不足を抱える業界ではこのマークへの期待も高いと思います。まだまだこれからの認定制度ですが、他院との差別化を図るためにも歯科医院にはお勧めの制度です。

　交付されるシールには更新回数も明記されるので、今のうちから適合を受けて更新を重ねておけば、それだけブラック企業ではないという証の重みも増すでしょう。

　図表2-10は、全国社会保険労務士会連合会が作成している経営労務診断サービスのチラシです。チラシの問合わせ先欄に自分の事務所名などを挿入し、活用しましょう。なお、チラシデータは同連合会ホームページの会員専用ページからダウンロードすることができます。

▌▌自治体による認定マークの取得も有効

　地域の行政施策の活用も、採用力強化には有効です。私の会社は、地元の滋賀県から「女性活躍推進企業」の認証（図表2-12）を、滋賀県大津市からは「Otsuスマートオフィス宣言チャレンジ賞」（図表2-13）を受けています。その副賞として、京阪線の電車にラッピング広告で社名が掲載されたり、大津市が作成するカレンダーに社名が掲載されたりしました（図表2-14）。これらも、客観的な信用として採用活動でアピールすることができます。

図表2-12 滋賀県女性活躍推進企業認証	図表2-13 Otsuスマートオフィス宣言チャレンジ賞

図表2-14 副賞の電車広告・カレンダー

カレンダー

ラッピング広告

第2章 人が集まる募集・採用の仕掛け

一般の企業に比べて歯科医院のスタッフは通勤エリアも小さいことが多いので、歯科医院のある地域でこうした認定を受けることは有効でしょう。

　歯科医院は、女性が主役の職場です。女性活躍は大きなキーワードです。女性が活躍している、あるいは活躍しやすい職場だということが客観的にアピールすることができれば、求職者に響きやすいと思います。

　行政施策は地域ごとに異なりますので、まずは地元自治体の都道府県・市町村のホームページをご覧になるか、「○○県女性活躍」や「△△市女性活躍推進制度」といったキーワードなどで検索して、情報を集めてみるとよいでしょう。

採用適性検査を導入して ミスマッチを減らす

「心理的効果」という言葉をご存知ですか？ これは、人を評価する場合に心理的に邪魔になる評価エラーのことです。代表的なものに、下記があります。

これらの心理的効果は、面接官をトレーニング（評価者訓練）しない限り、なかなか排除することはできないといわれています。心理的効果は、無意識に評価者に作用するものなので、採用面接等で求職者への評価を誤判定しミスマッチを起こしているケースが多々あります。

ハロー効果とは？

評価の際、顕著に優れた、あるいは劣った特徴があると、その人のすべてを優れている、あるいは劣っていると評価してしまう現象
＜具体例＞ 大企業出身者を、仕事ができる人と評価をしてしまう

中心化傾向とは？

両極端な評価を避けてしまうことで標準的な（普通）評価傾向になる現象。その反対傾向は極端化傾向という
＜具体例＞ 3段階評価で優劣をつけられずに、無難なB（普通）評価をしてしまう

寛大化傾向とは？

評価が甘くなってしまい、全体的に高い評価傾向になる現象。その反対傾向は厳格化傾向という

<具体例> 義理、人情などが作用し、ついつい甘い評価
をしてしまう

論理誤差とは？
　実は独立している評価項目なのに、評価者が関連性から
同一評価・類似評価してしまう現象
<具体例> 責任感が強い人は、目標意識も高く営業マン
に向いていると評価してしまう

対比誤差とは？
　評価者が自分自身の経験・実績を基準にして、自分の得
意（専門）分野には比較的厳しく、不得意（よくわからな
い）分野には比較的甘く評価してしまう現象
<具体例> 資格（スキル）を保有していない評価者が、
資格（スキル）保有者に対して必要以上に高い
評価をしてしまう

ミスマッチによる早期退職は雇入れ後のコスト増にもつながる

　一般的に、採用には求人広告費用や人材紹介会社に支払う紹
介手数料、適性検査費用などがかかります。面接する院長の人
件費も、コストに含まれます。せっかく採用したスタッフがす
ぐに辞めてしまっては、採用にかかったコストを回収できませ
ん。

　その上、採用後は、給与や賞与、社会保険料などの福利厚生費、
外部研修費用以外に、OJT 期間中の担当者（フォロー担当者）
の給与なども発生します。

つまり、職場に定着する可能性が高いスタッフを見抜けなくてはコストが増す一方なのですが、上記のとおり、求職者を誤判定し、ミスマッチを起こすケースが多発しています。

早期退職による歯科医院が受ける損失は金銭的なコストだけでなく、職場のモチベーションダウンもあります。OJT担当者や院長自身が「自分の教育が悪かったから」「教育してもムダ」「また採用してもすぐに辞めるかも」などとネガティブに考えてしまうと、歯科医院全体のテンションも下がり、第2、第3の退職者も出てしまいかねません。

早期退職がない職場づくりとともに、早期退職しそうなスタッフは採用しないことが大切です。

20〜30分の面接で適性を見抜くことはムリ

1人当たり何分程度時間をかけて採用面接を行っていますか？ 20〜30分という歯科医院が多いと思います。おそらく、応募書類や面接中のやり取りから知識や経験については把握できる部分も多いと思いますが、適性はどうでしょうか？ 初めて会う応募者の適性をたかだか20分〜30分の面接（情報交換）で把握するのは、ムリというものです。

例えば、家族や友人であれば、長い年月を共にしているので、その人たちの性格をそれなりに把握できていると思います。しかし、短い時間の採用面接で応募者のエピソード（体験や経験など）を聞いても、主観中心では評価エラーもあって適性を見抜くことはムリです。

採用適性検査を活用するメリット

経営資源の乏しい歯科医院では、院長が時間を割いてトレーニングを受けるというのも現実的ではありません。

そのため、私は採用適性検査の活用をお勧めしています。採用適性検査を活用するメリットとして、次のことが挙げられます。

★　メリット1　短時間で客観的な分析ができる

　適性検査には、応募者の特性（性格、社会性、意欲など）を短時間のうちに客観的に分析でき、面接の補完材料や採用判断に利用できるという大きなメリットがあります。

　中には職務適性だけでなく、職場に定着しやすいタイプやそうでないタイプ、リーダーに向くタイプやそうでないタイプといった情報を把握できるものもあります。

　こうしたタイプは、採用時に限らず既存スタッフにも実施することで、スタッフの特性把握や傾向分析としての活用も期待できます。

★　メリット2　費用対効果が高い

　採用活動を行う際、1人当たりの採用コストをいくらで予算化していますか？　1人当たりの採用コストは下記の計算式で簡単に算出できますが、歯科医院の場合、明確に予算化しているところは、ごく少数でしょう。

採用コスト÷採用人数

　採用コストには、上記のとおり求人広告費用や人材紹介会社に支払う紹介手数料、適性検査費用などが含まれます。面接する院長の人件費も含めると、より正確性が高まりますし、コスト意識も芽生えます。

　この1人当たりの採用コストの平均的な統計は実はあまり

オープンになっていませんが、経験的には20万〜100万円という印象を持っています。最小のコストで優秀な人材を採用するという最大の効果を得たいわけですが、歯科業界など、いわゆる人手不足の業界は、どうしてもこの1人当たりの採用コストが高い傾向にあります。

　一方、適性検査もさまざまなので一概には言えませんが、1名につき2,000円〜3,500円程度の価格帯が多いです。

　例えば、単価2,000円の適性検査を5名に実施して、結果として1名を採用した場合の1人当たりの採用コストは、1万円になります。

　いかがですか？　費用対効果の高さを実感できるのではないでしょうか。採用コストをコントロールするためにも、一度1人当たりの採用コストを試算してみてください。

★　メリット3　ストレスに強い人材を見抜ける

　最近、メンタル疾患で休職する人が目立ちます。特に、人と接する機会が多く、仕事内容の心理的負荷が大きい医療・福祉業界では、ストレスに耐えきれず離職してしまうケースも見受けられます。そう考えると、医療を担う歯科も他人ごとではありません。事実、院長から「ストレスに強いスタッフを採用したい」という要望をいただくことがあります。

　どうすれば、ストレスに強いスタッフを採用できるのでしょうか？　かつてはいわゆる「圧迫面接」を通してストレス耐性を把握する向きがありましたが、そもそも圧迫面接でストレス耐性を把握することは難しいともいわれます。

　しかし、最近の適性検査ではストレス耐性も検査することができます。

　職場にはさまざまなストレスがありますが、この検査ではストレスを次の5つに分類し、受検者がどのストレスにどのくら

図表 2-15　適性検査におけるストレス耐性に関する結果

ストレスの種類	弱	強	指数
対人ストレス耐性			53
目標ストレス耐性			69
繁忙ストレス耐性			71
拘束ストレス耐性			50
総合ストレス耐性			69

い耐性を持っているか、数値で表します。指数が高いほどその
ストレスに対して耐性がある、つまりへこたれずに対応できる
ということを示します。指数が低い場合は、そうした職場環境
では実力を発揮しきれない可能性が増すと考えられます。

図表 2-16　ストレス耐性の種類

対人 ストレス 耐性	➡ 人とのコミュニケーションで生じるストレスに対する耐性
	協調性や親和欲求などコミュニケーションに関する因子を参考に算出。 　この耐性が低いと人と接することにストレスを感じやすい。 　対人ストレス耐性の高い人は意見のすり合わせもスムーズで、他人との折衝を楽しみながら仕事や職場での共同作業を進めることができるが、低い人には神経をすり減らすものになる。
目標 ストレス 耐性	➡ 難しい目標や課題に直面したときに生じるストレスに対する耐性
	自分の力をどれだけ信じられるか、気持ちが萎えずにいられるかなどを見る。 　この耐性が低い人は難しい課題に身構えるほうで、新しいことや困難な目標を好まない。競争心に乏しく、できるだけ無難に済ませようと考える傾向がある。この耐性が高い人は意欲的で活発な動きが期待でき、自ら高い水準を目指す。
繁忙 ストレス 耐性	➡ 忙しいこと、時間や手間がかかりそうなことに対するストレスへの耐性
	この耐性が低い人は煩雑さから逃れたい気持ちが強く、忙しい日々が続くと参ってしまうことも考えられる。耐性が高ければ、忙しさを楽しみ、意欲的にこなすことができると考えられる。精神面の強さや責任感の有無はもちろん、根気強く続けられるかということも見極めポイントとなる。

第 2 章　人が集まる募集・採用の仕掛け

拘束 ストレス 耐性	➡ 組織の決まりや職務上の制約で行動を制限される ときに感じるストレスへの耐性
	この耐性が低い人は決まりや慣習に従うことに抵抗感が強く、自由意思を認められるほうがヤル気になる。耐性が高い人は、裁量が認められる範囲が決まっていることに安堵し、その中で力を発揮する。自立心やプライド、あるいは従順性が関係する。
総合 ストレス 耐性	➡ ストレス全般に対する耐性
	自分自身を信じられるか、いかなる場面でも気持ちの安定を保てるかなどで算出する。 　この耐性が低い人は困った場面や辛い仕事が続くとくじけやすく、最後までやり通すことが困難になる。耐性が高い人ほど多少の辛さは気にならないと言える。

12 応募者のモチベーションを把握して内定辞退を防ぐ

　歯科業界は、人材不足が常態化している業界の一つです。良い人材は歯科医院の間で争奪戦が展開されています。自分が良いと思う人材は、他の歯科医院の院長も同様に良い人材だと思うものです。そんな中、どうすれば応募者の内定辞退を防ぎ、自院を選んでもらえるのでしょうか？　その方法は、応募者が働きたくなるような情報を面接の中で提供してあげることです。応募者の働くモチベーションを刺激してあげるのです。

　もちろん、完全に内定辞退を防げるものではありませんが、効果的な方法です。

モチベーションの種類は8つ

　働く意欲の源となるモチベーションには、次の8種類があります。このうち、応募者が仕事をする上で何を重要視しているのか、つまりどのようなモチベーションの傾向なのかを測定ツールを活用して把握し、そのモチベーションを刺激するコメントや情報を伝えて応募者のやる気を高めるのです。

・専門志向	・管理志向
・自己表現	・安定志向
・自立志向	・評価志向
・人間関係	・公私充実

第2章　人が集まる募集・採用の仕掛け

測定ツールの活用例

　例えば、CUBIC モチベーション測定というツールを使って「専門志向が高い」という結果が出た場合、その応募者は職務内容が専門的であることや、専門性を求められることにやる気を見出すタイプということがわかります。

　こうした応募者には、面接で仕事の専門性に関する説明やその仕事で第一人者になるための道筋やスケジュール、それをフォローする研修制度などの支援策があることを伝えると、入社動機を高めることができるでしょう。

　モチベーション測定（採用版）の活用方法を解説した動画をご用意していますので、よろしければご覧ください。

URL：https://www.youtube.com/watch?v=GIYs2EDM4sk

　なお、本書でご紹介した検査ツールは「適性検査CUBIC」です。さらに詳しく知りたい方は、下記をご覧ください。

URL：http://www.e-jinjibu.jp/

図表 2-17　モチベーション測定結果の例（採用版）

氏名	専門志向	自己表現	自立志向	人間関係	管理志向	安定志向	評価志向	公私充実
山田　○太	47	77	66	72	83	20	73	34
佐藤　○子	47	17	27	88	45	86	60	93
木村　○夫	86	72	93	17	66	27	27	27

第 2 章　人が集まる募集・採用の仕掛け

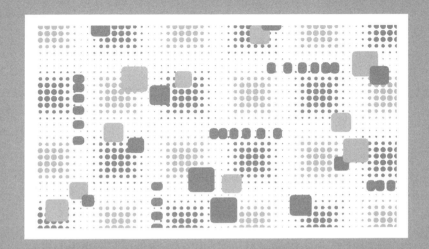

第３章

働きやすさと
職場定着の仕掛け

職場定着の公式は「3A＋T 理論」

　人材確保のポイントは、人材採用と職場定着です。いくら採用活動がうまくいっても、採用した人材が実際に職場に定着しなければ意味がありません。ブラック歯科医院の特徴の1つとして「365日求人中」を挙げましたが、年中募集を出している歯科医院は、とてもイメージが悪いです。採用されてもすぐに辞めたくなる歯科医院だとバレバレだからです。

　とは言っても、職場定着に悩んでいる歯科医院もとても多いと思います。特に歯科衛生士の場合は、ライセンス業務であり、売り手市場ということもあるので、引く手あまたで転職しやすい環境下にあることは事実です。歯科衛生士の新卒求人倍率は20倍を超えています（図表3-1）。歯科衛生士の職場定着を図るためにはどうすればよいのでしょうか？

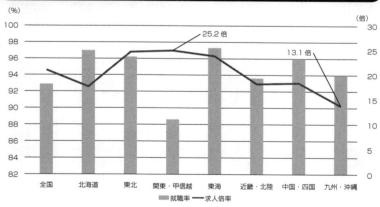

図表 3-1　歯科衛生士の就職率・求人倍率（2016年度）

（出典）一般社団法人全国歯科衛生士教育協議会

「3A ＋ T 理論」。これが、私が導き出した職場定着を図るための公式です。安心（Anshin）、安全（Anzen）、安定（Antei）の3A と楽しい（Tanoshii）の T から構成されています。

安心できる職場 安全な職場 安定している職場	＋	楽しい職場
３つの A	＋	T

　人が定着しない歯科医院は、その職場自体に「楽しさ」が足りないのです。楽しい職場には人は集まってくるし、人もなかなか辞めません。スタッフミーティングなどを利用して、「スタッフにとっての楽しい歯科医院ってどんな職場か？」をテーマに話し合ってみてください。職場改善につながるいろいろなヒントや気づきが得られると思います。
　安心できて、安全で、安定していて、楽しい職場。このような職場であれば、これからも働きたいと思いませんか？

第３章　働きやすさと職場定着の仕掛け

「スタッフファースト」にすると人が定着する

　最近、「〇〇ファースト」という言葉をよく耳にします。トランプ大統領の「アメリカファースト」や小池都知事の「都民ファースト」などがありますが、いずれも「〇〇を第一に考えます」という意味のスローガンで使われます。
　私の会社では、「スタッフファースト」を掲げています。スタッフを第一に考えるということです。その昔は「お客さま第一主義」が大変もてはやされ、スローガンとして社内に掲示していた会社もあるでしょう。しかし、私からすると昭和スタイルから脱却できていない残念な会社です。「お客さまは神様です」というスローガンも同様です。もちろん、お客さまは大切です。それは否定しませんが、お客さまが満足すればスタッフは犠牲になってもよいというイメージがあり、スタッフをないがしろにしている印象を受けて仕方ありません。
　「三方よし」という言葉をご存じでしょうか。近江商人の商売の極意です。「売り手よし」「買い手よし」「世間よし」の3つのよし。売り手も買い手もともにハッピーで、世間からも評価される商売がよいという考え方です。
　私の会社は近江の国である滋賀県に所在しているので、三方よしの考え方にはとても共感しています。さらに、私は「働き手よし」を加えて経営をしています。売り手である自社、買い手であるお客さま、世間である地域や社会、働き手であるスタッフ、そのすべてを大切に考えています。ただ、スローガンはあくまでも「スタッフファースト」です。

「患者ファースト」ではスタッフが疲弊する

　歯科医院をわかりやすく言い換えると、医療サービス業です。スタッフである歯科衛生士や歯科助手が疲弊して職場に満足していない状態で、果たして患者に良い医療やサービスを提供できるのでしょうか？　もちろん、院長は自分が疲れていても最良の医療サービスを提供されると思いますが、スタッフは経営者ではありません。いくら国家資格者といっても、立場が違います。「患者ファースト」で患者さんの都合ばかりに目線を合わせていくと、歯科医院経営の生産性が落ちるだけでなく、スタッフが疲弊するリスクが高まります。

　最近、私がFacebookに投稿した記事の中で特に「いいね！」が多かった、スタッフファーストにも関連する記事をシェアします。

　今日、日本を代表する企業から「御社のサービスに興味があるので、説明にきてほしい」という趣旨の問合せメールがあったようです。

　が、申し訳ありません。弊社から訪問することはありません。

　明日、スタッフからマニュアルどおりの回答を返信してくれると思いますが、ネットだけで毎日お取引先が増えている中、わざわざ訪問営業することはあり得ません。そんなことをしたら、時間当たり採算がダウンしますよ。

　私のこの投稿は、お客様の都合に合わせてその都度訪問し、往復の時間をも費やしていては、結果的に効率の悪い仕事の仕方になりかねないという思いからしたものでしたが、これに対し、「（自分の考えを）なんか代弁してもらったようでうれしい」「（大手との取引がスタートするまでには）稟議などにも時間が

第3章　働きやすさと職場定着の仕掛け　　115

かかるので非効率になりそう」「（牧さんの会社の）業務効率化についてもいろいろと教えてください」といった応援コメントをいただきました。

▌ 患者都合と自院都合のさじ加減こそが経営者のセンス

　都合には、大別すると患者都合と自院都合の2種類しかありません。患者都合をどんどん優先すれば、それに比例して満足度もどんどん高まります。一方で、生産性はどうでしょうか？

　我が国は他の先進国と比べて生産性が低いことが大きな課題となっています。利益の源泉である生産性をアップできなければ、その歯科医院の成長・発展は期待できません。

　患者都合と自院都合は、10対0という関係ではなく、実は絶妙なバランス感覚が必要なのです。そのさじ加減こそが経営者のセンスだったりもします。

職場定着のための8つの取組み事例

「3A＋T理論」と「スタッフファースト」の考えの下、私が実際に自分の会社で実施している取組みを紹介します。ここで紹介するものは、歯科医院でも取り組めるものを挙げていますので、ぜひ職場定着の参考にしてください。紹介する取組みすべてを実践することは難しいかもしれませんが、取り組めそうなものから実践してみてはいかがでしょうか。私も起業して、約15年間事務所や会社を経営してきました。本当にありがたいことに、今でも業績は右肩上がりで成長することができています。それを支えている取組みですので、自分で言うのも何ですが、参考にしない手はないと思いますよ。

 ランチミーティング

毎月、月初のミーティングの後でスタッフみんなとランチに出かけています。コミュニケーションの促進を狙った企画ですが、もしミーティングで積み残した議題があれば、引き続きランチを取りながら検討します。まさにランチミーティングです。

以前、私のセミナーを聞いたある経営者が自分の会社でもランチミーティングをするようになったのですが、その方は自分が気になるお店へスタッフを連れて行くとのことで、「毎月、お店選びも大変です」と、苦笑されていました。

これは、私のやり方とは異なります。ランチミーティングの主役は、あくまでもスタッフです。スタッフ主導・スタッフ目線が必要なのです。経営者が気になるお店ではなく、スタッフが気になるお店・行きたいお店で開催してほしいのです。

経営者の気になるお店に連れて行かれても、スタッフはちっともおもしろくありませんし、仕事の延長線上という感じがして開放的にもなりません。
　ランチミーティングの目的は、コミュニケーションの加速です。経費を使ってランチミーティングをするのですから、効果的なお金の使い方をしてほしいです。スタッフがコミュニケーションを取りやすい環境を演出してもらいたいと思います。
　ちなみに、ランチ代は院長の全額負担としてください。一部負担などとセコいことをすると、器の小さい院長だと思われて逆効果です。

 スタッフの誕生日茶話会

　スタッフの誕生日（あるいはその前後）に茶話会を実施しています。私がケーキなどを用意して、お茶会をしているだけなのですが、ランチ会同様にコミュニケーションの促進につながっているようです。

 月初に有給取得ミーティングを行う

　私は、サラリーマン時代に有給休暇をほとんど取得しませんでした。取得しづらい職場だったからです。体調不良など、やむを得ない理由がなければ取得が許されない雰囲気のある職場環境でした。当時は社会保険労務士の資格を取得する前で労働基準法をよく理解していませんでしたが、「実質取得できない有給休暇って何？　自由に取得できない休暇って意味ないよね！」と疑問は持っていました。
　経営者となった私は、そもそも自由に取得できる雰囲気のある職場であれば、スタッフも安心して有給休暇を申請できるので、スタッフ同士が話し合い、協力し合って取得してくれるだ

ろうと考えました。

　私の会社では、月初のミーティングでスタッフ同士が有給休暇の取得予定などを相談し合っています。ミーティングの最後に「今月の有給取得予定」という項目をわざわざ盛り込んでいるからです。意図的に有給休暇の話題を取り上げることで、取得率向上を促進しています。今のところ、時効消滅する有給休暇はないので、取得率は実質100％だと思います。

　「わざわざスタッフに有給休暇取得を勧めるなんてバカだなぁ」などという経営者もいますが、私に言わせればその経営者のほうがよっぽど「バカ」だと思います。いくら院長が「うちの医院には有給休暇なんてものはありません」と言っても、インターネットで調べればすぐにウソだとバレます。労働基準法で労働者の権利として認められている有給休暇なのですから、スタッフにも気持ち良く取得してもらって、明日からのモチベーションアップにつなげてもらえるほうが、よっぽど良いと思います。

半日有給休暇取得制度

　有給休暇を１日単位のみならず、半日単位でも取得できるようにしています。具体的には、就業規則で以下のように規定して運用しています。

（年次有給休暇の日数）
第○条　入社後６か月継続勤務し、全労働日の８割以上勤務したスタッフに対して、入社後６か月経過した日に、10日の年次有給休暇を与える。
2　入社後６か月経過した日より１年を超えて継続勤務し、当該応答日まで１年間の労働日の８割以上勤務したスタッフに対して、次のとおり年次有給休暇を与える。

第３章　働きやすさと職場定着の仕掛け

勤続年数	1年6か月	2年6か月	3年6か月	4年6か月	5年6か月	6年6か月以上
休暇日数	11日	12日	14日	16日	18日	20日

3　前項の規定にかかわらず、週所定労働時間30時間未満であり、かつ、週所定労働日数が4日以下（週以外の期間によって所定労働日数を定めるスタッフについては年間所定労働日数が216日以下）のスタッフに対して、次のとおり年次有給休暇を与える。

週所定労働日数	1年間の所定労働日数	勤 続 期 間						
		6か月	1年6か月	2年6か月	3年6か月	4年6か月	5年6か月	6年6か月以上
4日	169日～216日	7日	8日	9日	10日	12日	13日	15日
3日	121日～168日	5日	6日	6日	8日	9日	10日	11日
2日	73日～120日	3日	4日	4日	5日	6日	6日	7日
1日	48日～72日	1日	2日	2日	2日	3日	3日	3日

4　年次有給休暇は半日単位で取得することができる。

5　前項に基づき、半日単位で取得した場合の始業および終業の時刻は以下のとおりとする。

前半休　13 時 45 分から 17 時 30 分
後半休　　9 時 00 分から 12 時 45 分
※ 1 日の所定労働時間：7 時間 30 分

スタッフへのお中元、お歳暮

　私の会社は少々変わっているようです（笑）。というのも、クライアントには今までお中元、お歳暮を贈ったことはないのですが、スタッフへのお中元、お歳暮は欠かさず贈っているからです。同業の歯科コンサルタントに話したら、「へぇー。牧さんの会社は相当変わっていますね〜」と苦笑されたことがあります。

　コンサルタントの世界では異例なことのようですが、実は士業の世界では、このような慣習が見受けられます。私が親しくしている社会保険労務士事務所や税理士事務所でも、スタッフへのお中元やお歳暮を続けているところがあります。歯科医院でも導入を検討してみてはいかがでしょうか？　1 人当たり数千円から 1 万円もあれば、予算として十分です。仮にその予算を手当や賞与として支払えば、所得扱いとなり所得税の課税対象とされますが、現物支給であれば福利厚生費として会計処理することができます。

　ちなみに、私の会社では「鰻」が人気なようで、年 1 回は近くにある昔ながらの魚屋さんで私が鰻を段取りしています。お中元、お歳暮はスタッフもとても喜んでくれているようで、夏休みやお正月休み明けにはまた元気に出社してくれています。スタッフのための福利厚生を考えるのであれば、経営者目線ではなく、スタッフのニーズを把握して、効果的なお金の使い方（投資）をしてもらいたいものです。

第 3 章　働きやすさと職場定着の仕掛け

スタッフとの年2回の個別面談

　賞与支給前にタイミングを合わせて、年2回個人面談をしています。面談場所は、社外に設定しています。なぜわざわざ社外に設定しているかというと、業務感を消してリラックスした雰囲気でいろいろと情報交換をしたいからです。もちろん面談ですから、多少は仕事の話もしますが、基本的にはプライベートな話題を中心にするようにしています。普段、社内ではなかなか聞くことのない話題ですから、このような機会を使い、場と環境を変えてコミュニケーションをとっています。

　経営者の中には、スタッフのプライベートには一切関与しないというタイプもいますが、そのような経営者は私からすると少しさびしいですね。経営者とスタッフという労使の関係性は仕事が主であることはもちろんなのですが、人はロボットではありません。プライベートなことが、結果的に仕事にも影響することがあるのはご存知でしょう。例えば、結婚、出産、介護などでライフステージが変わったり、ご主人の転勤などで退職したりすることもあります。特に私の会社では、スタッフ全員が女性ですのでプライベートなことが仕事にも影響しやすいと思っています。歯科医院もスタッフはほぼ女性です。ぜひ、個別面談を通じてスタッフの日常生活を聞いてみてください。くれぐれも面談場所の設定は院内にしないようお願いします。スタッフのお気に入りのお店でランチしながら、面談するくらいがちょうどいいでしょう。

1日の所定労働時間を7.5時間に改革

　私の会社の労務管理の売りは、とにかく残業がないこと。スタッフのワークライフバランスを応援しているので、残業ゼロを基本にしています。

★ 電話応対時間の見直しで効率アップ

　以前は、1日の所定労働時間を9時00分から18時00分（うち休憩60分）の実働8時間とし、電話対応時間もその時間帯に合わせていました。すると、中には17時50分から55分くらいにお客さまから電話が入ることもあるわけで、話の内容によっては、結果的に15分くらいの残業が発生することもありました。私としては、何とか改善したいと思っていました。

　最初に取り組んだことは、電話対応時間の短縮でした。具体的には、始業後30分と終業前30分の計60分を短縮しました。電話の鳴らない時間が60分増えたことで、その間は集中して業務に取り組めるため、生産性は上がったと思います。

　その後、働き方改革の時流が押し寄せてきたこともあり、1日の所定労働時間自体を30分短縮し、電話対応時間もさらに30分短縮し、今では1日の所定労働時間は9時00分から17時30分（うち休憩60分）の実働7時間30分としています。

★ 「ムリ・ムダ・ムラ」の改善でスタッフの負担も軽減できる

　結果として、当初より電話対応時間は90分短縮され、9時30分から17時00分に改革しましたが、その後も業績は右肩上がりで、しかも残業ゼロでオペレーションできています。周りの経営者からは「よくそんなことができますね」といわれることがありますが、たいていの会社や組織には、「ムリ・ムダ・ムラ」が存在しています。ですから、その視点で業務改善していけば時間短縮の余地はあるわけです。

　歯科医院の場合には、受付時間の短縮は予約患者の減少につながり、結果売上減に直結するため、私の会社と同様の効果を得ることは難しいとは思いますが、私の知合いのある歯科医院では、慢性的な残業を削減するために思いきって受付時間を短

第3章　働きやすさと職場定着の仕掛け　123

縮しました。その歯科医院の院長は、「たしかに予約患者は少し減ったもののスタッフの負担軽減になり、残業を理由に辞めるスタッフも減って院内の雰囲気も良くなったので、逆に良かった」とおっしゃっていました。これからは、スタッフを大切に扱う会社が伸びます。これは歯科医院も同様でしょう。

▐ 健康支援

★　インフルエンザ予防接種の費用負担

　私の会社ではインフルエンザの罹患防止を目的に、インフルエンザの予防接種を推奨しています。役員と全スタッフを対象に、その接種費用を会社で全額負担しています。

　会社が費用を負担しているケースでも、半額補助としている会社が多く、全額補助としている会社はまだ稀なようです。また、補助対象者も正社員のみで「パート・アルバイトは除く」としている会社も多いようです。

　私の会社では、全スタッフの健康支援を目的としているので、雇用形態での格差は設けず、全スタッフを補助対象にしています。

★　医療費補助制度

　役員と全スタッフの健康支援を目的に、今期から、毎月の保険適用の診療・診察および薬代等にかかる実費負担分の医療費を補助する制度を導入しました。

　手当を設けて健康を支援するという方法も考えられますが、例えば「健康支援手当」などと称して一律に手当を支給すれば、それは給与所得になります。つまり、所得税が課税されることになります。一方、医療費補助制度であれば、あくまでも福利厚生制度の一環ですので、各個人に所得税が課税されることは

ありません。

　もちろん、そのためには制度化することが大前提ですので、取扱いのルールなどを定めた規定を整備する必要はあります。下記に私の会社で運用している規程および実際に補助を受ける際の申請書も掲載しますので、制度導入の際にはお役立てください。

健康支援規程

（目的）

第1条　この規程は、役員および全スタッフへの健康支援を目的に作成し、その内容に関する事項を定めたものである。

（適用範囲）

第2条　本規程は、役員および全スタッフに適用し、その家族については適用しない。

（補助対象医療費）

第3条　毎月の保険適用の診療・診察および薬代等にかかる実費負担分の医療費を補助する。ただし、月額3,000円を超える場合には、3,000円を限度とする。

（申請手続）

第4条　月初に行うミーティング時に医療費補助申請書を記載の上、前月分の医療費の領収書（コピー可）を添付して申請する。

（所得税法に規定する医療費控除との関係）

第5条　第3条に規定する補助は、所得税法に規定する医療費控除の対象に該当するものであるから、医療費控除を申請する際には支払った医療費の金額からこの補助により補てんされる部分の金額を除く必要がある。

附則

2017年11月1日　施行

医療費補助申請書

年　　　月　　　日

領収書貼付

補助額計算書

■自己負担計　　　　　　　　円

→医療費補助支給額　　　　　　　　円

※自己負担計＜ 3,000 円の場合は自己負担計

※自己負担計≧ 3,000 円の場合は 3,000 円

　上記金額を受領しました。

年　　　月　　　日　　　　㊞

組織活力測定と環境適合測定にチャレンジする

　職場定着を図るために、組織診断を実施することをお勧めします。
　組織診断とは、スタッフ1人ひとりの診断結果を集めて組織全体の傾向や特徴を分析することです。医院全体だけではなく分院ごとに分けて比較したり、歯科衛生士と助手といった職種ごとに分析したりすれば、属性ごとの特徴や課題も発見できます。さらに、組織診断では組織活力測定と環境適合測定も併せて実施することができます。

★　組織活力測定でわかること

　組織活力測定は、「社員が今の職場環境をどのように感じているか」を見える化します（図表3-2）。例えば、チームワークは良好か、休日は十分かなど、社員が職場のどのようなことに満足を感じ、何に不満を持っているかを項目ごとに把握できるので、組織の課題や問題点が明確になるとともに、社員の不満解消の糸口として活用することができます。

★　環境適合測定でわかること

　また、環境適合測定では、一緒に仕事をしたくないタイプを40種類に分けて順位一覧として表示します（図表3-3）。上位のタイプは実際にその組織に存在している可能性もあり、数値が高い場合はその人間関係にエネルギーを費やしている可能性があるので、問題を解消することで本来の仕事や目標に集中で

きるようになります。また、求められていない行動が具体的にわかるので、リーダーの行動指針の資料としても活用することができます。組織診断を通じて、院内の活性化はもちろん、職場定着への改善に役立ててもらいたいです。

　なお、組織診断も、第2章で取り上げた適性検査と同様にさまざまな種類がありますが、ここでは私が使用している「CUBIC 組織診断」の結果のサンプルを掲載しています。

図表 3-2　組織活力測定サンプル結果

CUBIC 組織活力測定　　　　　　　　　　　TOTAL 集計結果

集計形態	回答人数	データ作成日
全体	30人	2018/01/25

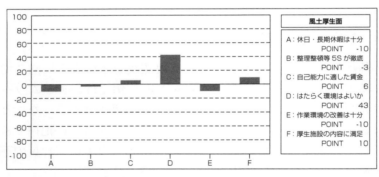

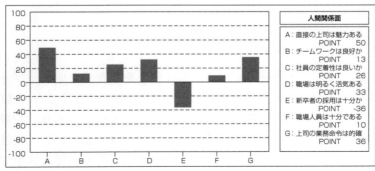

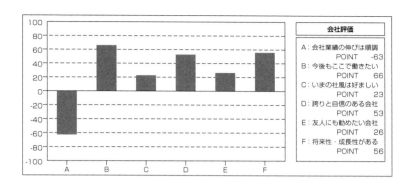

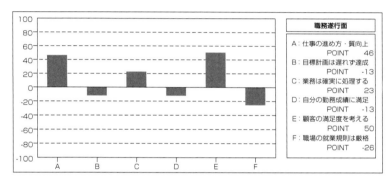

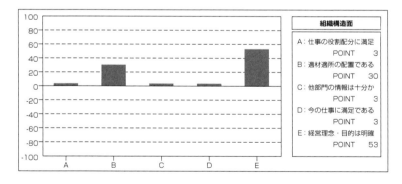

第３章　働きやすさと職場定着の仕掛け　129

図表 3-3　環境適合測定サンプル結果

CUBIC 環境適合測定　　　　　　　　　　　　LPC 集計結果　順列

集計形態	回答人数	データ作成日
全体	30 人	2018/01/25

一緒に働くのをできれば敬遠したいタイプ
LPC（Least Preferred Co-worker 協働関係を規定するもの）

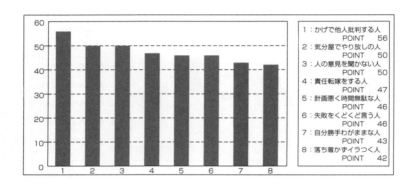

1：かげで他人批判する人　POINT 56
2：気分屋でやり放しの人　POINT 50
3：人の意見を聞かない人　POINT 50
4：責任転嫁をする人　POINT 47
5：計画悪く時間無駄な人　POINT 46
6：失敗をくどくど言う人　POINT 46
7：自分勝手わがままな人　POINT 43
8：落ち着かずイラつく人　POINT 42

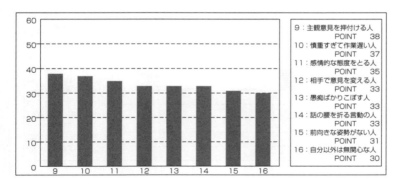

9：主観意見を押付ける人　POINT 38
10：慎重すぎて作業遅い人　POINT 37
11：感情的な態度をとる人　POINT 35
12：相手で意見を変える人　POINT 33
13：愚痴ばかりこぼす人　POINT 33
14：話の腰を折る言動の人　POINT 33
15：前向きな姿勢がない人　POINT 31
16：自分以外は無関心な人　POINT 30

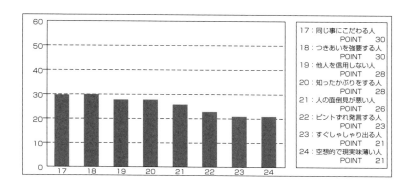

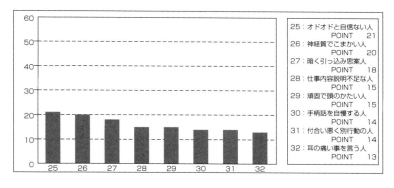

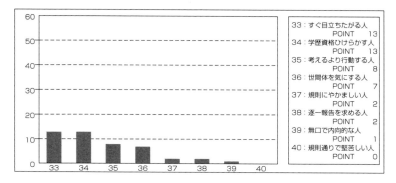

第3章 働きやすさと職場定着の仕掛け

定期的なモチベーション測定で心のバランスを見る

　内定辞退を予防する方法として紹介したモチベーション測定の現有社員版を活用して、スタッフの心のバランスを見てもらいたいと思います。

　現有社員版では、現在どのように働いているか・どの程度充実感を得られているかということ（現状）と、本当はどうしたいのか、何を重要視しているのか（理想）を比較することで、スタッフの働き方に対する志向性を測定し、何が満ち足りていてどこが不満なのかを明確にします（図表3-4）。

　モチベーションは、家庭環境の変化や配属・昇格など置かれた状況によって変化すると考えられますが、どのような働き方を望むのかということは価値観にも関わるものであり、職務で実績を上げる際の重要な要因であると言えます。

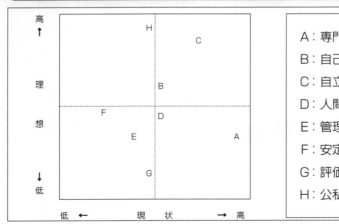

図表3-4　モチベーション測定サンプル結果

体の健康診断（定期健康診断）を実施するように、心の健康診断(モチベーション測定)も実施されることをお勧めします。年1回実施することで、スタッフ個々人の「不満状態」、「負担状態」などを知る手がかりとなります。モチベーションの状態を可視化するツールとして活用してもらいたいです。モチベーション測定で用いる因子は、採用版と同様に以下の8つです。

| 専門志向 | 自己表現 | 自立志向 | 人間関係 |
| 管理志向 | 安定志向 | 評価志向 | 公私充実 |

　理想が高く現状が低い指数を示した場合は「不満」、理想が低く現状が高い指数を示した場合は「やらされている感・不安・負担・ストレス」となっている可能性があると言えます。

6 副業・兼業の解禁と労務管理上の課題

　これまで、副業・兼業については禁止が当たり前でしたが、この流れが変わりつつあります。現状、8割以上の企業で未だ副業・兼業を禁止しているものの、大手企業の中には、既に解禁を表明しているところもあります。

　厚生労働省では、2018年1月にモデル就業規則を見直し、副業・兼業を原則容認するとして、下記のような規定例を示しています。

（副業・兼業）

第○条　労働者は、勤務時間外において、他の会社等の業務に従事することができる。

2　労働者は、前項の業務に従事するにあたっては、事前に、会社に所定の届出を行うものとする。

3　第1項の業務に従事することにより、次の各号のいずれかに該当する場合には、会社は、これを禁止又は制限することができる。

　①　労務提供上の支障がある場合
　②　企業秘密が漏洩する場合
　③　会社の名誉や信用を損なう行為や、信頼関係を破壊する行為がある場合
　④　競業により、企業の利益を害する場合

 歯科医院で考えられる副業・兼業問題

　副業・兼業解禁の流れは、歯科医院にも影響する可能性があ

ります。

　例えば、A歯科医院に正社員（8時間／日）として勤務する歯科衛生士Bさんが、とても人当たりが良くコミュニケーション能力も高いので同僚スタッフだけでなく患者さんからの受けも良く、自費診療の獲得件数も多いと、院長からも頼りにされていました。その噂は口コミでほかの歯科医院にも広がり、噂を聞きつけたC歯科医院の院長が、ショッピングモール内で開設している自院で短時間アルバイトでもよいので勤務してほしいと口説いたところ、A歯科医院で勤務した後、週に2回C歯科医院で引き続き3時間勤務をすることになり……、というケースが起こり得るからです。

　副業・兼業の解禁は、働き方改革を後押しするもので、働く人にとって、働きやすさにつながるものだと思います。上記のように他院での勤務を要望されたスタッフから兼業したいとの申出がなされることも見越して、検討しておく必要があります。

副業・兼業に関するルールの考え方

　副業・兼業の禁止や解禁には、次の4つのパターンがあります。

　ちなみに、私の会社の就業規則では、「会社の許可なく、同

1	解禁	➡	自由に副業・兼業ができる。制約ルールなし
2	届出	➡	届出することで副業・兼業ができる。制約ルールあり
3	許可	➡	基本的に副業・兼業ができない。ただし、特別な場合には許可する
4	禁止	➡	副業・兼業ができない。例外なし

第3章　働きやすさと職場定着の仕掛け

業他社に就業し、または自ら会社の業務と競争になる競業行為を行ってはならない。退職後においても会社の営業秘密その他の会社の利益を害する不当な競業行為を行ってはならない。」と服務心得に盛り込んでいます。

「許可なく他の会社等の業務に従事しないこと」は、まさに3のケースです。私の会社の場合には「許可」という文言を入れていますが、実質的には競業行為に抵触しなければ許可は不要なので、2のケースを想定しています。

競業行為以外に一般的な制約ルールとして考えられるものには、例えば、次のようなものが考えられます。

上記のように他の歯科医院での兼業のようなケースでは上記1が問題になる可能性は低そうですが、2や3の問題は起こらないのか、検討しておく必要があるでしょう。

労働時間数にも注意が必要

上記の歯科衛生士Bさんが C 歯科医院でも勤務するようになると、1日当たりの労働時間は最大11時間となります。このとき、8時間を超える部分の C 歯科医院での3時間の勤務は時間外労働となり、割増賃金の対象となります。この場合、C 歯科医院の院長のようにBさんが A 歯科医院で8時間勤務した後で自院で働いていることを自覚していればよいのですが、A 歯科医院で働いていることや勤務時間などを知らなければ、そもそも時間外労働をさせていることも自覚できません。Bさんが時間外労働を申告すれば C 歯科医院の院長も自覚できる

でしょうが、面倒を理由に申告しないことも十分考えられます。

　このように、他方の兼務実態を把握していないために適正な労務管理がなされず、労働基準法上の時間外労働が発生しているにもかかわらず割増賃金不支給が生じるかもしれないというリスクが潜んでいます。

▌労災保険上の問題にも注意が必要

　上記のBさんがA歯科医院からC歯科医院に出勤する途中で事故が発生したり、C歯科医院内で労災事故が発生し休業したりするような場合にも、その問題が顕在化します。

　これらの事故でBさんが休業した場合、労災保険から休業補償を受けることとなりますが、計算の基礎となる賃金である平均賃金は、あくまでもC歯科医院での賃金のみで算出します。A歯科医院とC歯科医院の賃金を合算して算出するわけではありません。

　兼業先であるC歯科医院の賃金は、A歯科医院の賃金よりも低いでしょうから、その結果休業補償も少なくなります。これは労災保険法上、当然の仕組みです。

　比較的軽いケガの場合にはあまり問題にならないと思いますが、何か障害が残ったり亡くなってしまったりした場合には、被災した本人や家族にとっては納得しにくいかもしれません。

　副業・兼業に関する労働時間や労災保険の問題については、2018年7月、厚生労働省で検討会が設置されたばかりです。現段階で解禁する場合には、上記のような問題があることを労働者に理解しておいてもらうことも必要かもしれません。

第3章　働きやすさと職場定着の仕掛け

歯科医院から「ブラック問題」をなくす

　第2章でブラック歯科医院の特徴を紹介しました（59ページ）が、こうした歯科医院では仮にスタッフを採用することができたとしても、職場に定着することは期待できないでしょう。
　以下では、第2章で紹介した歯科医院に見られる「ブラック問題」を、解決に導く方法を紹介します。

パートスタッフの社会保険未加入問題の改善

　歯科医院で働くスタッフは、そのほとんどが女性です。結婚しているスタッフもいるでしょうし、在職中に妊娠・出産するスタッフもいるでしょう。そのような中、いわゆる「4分の3規定」といわれる、週4日以上、30時間以上働いていて社会保険の加入対象となるパートスタッフの加入手続が適正になされていなければ、安心して働くこともできません。求人・採用においても、とても不利です。新卒歯科衛生士の求人倍率が20倍以上といわれる中で、社会保険も不完全な歯科医院では、採用活動もままなりません。法律やコンプライアンスの問題はもとより、求人において良い人材を採用できないことを院長にも理解してもらい、未加入問題を少しずつでも改善していきましょう。
　院長の頭の中には、「社会保険加入＝資金繰り悪化」という、何とも漠然とした不安感があります。正しい情報がないがゆえに、一層その不安感を強くしていることもあるでしょう。
　そのため、社会保険の加入を提案する際には、社会保険料負担のシミュレーションもしてあげてください。「現状の賃金で

は月々の社会保険料負担はこれくらい」という目安がないと、院長も決断できません。

　社会保険の加入は、経営的にはキャッシュアウトを意味します。経営者としての院長は、資金繰りに影響を与えるキャッシュアウトにはとても敏感です。社会保険未加入問題の本質は、まさにここにあります。ですからなおのこと、正しい情報を提供する必要があります。

　社会保険の加入は社会保険料負担が増えて、結果として人件費も増加することは事実ですが、その増加分については事前にシミュレーションした上で、求人や職場定着における大きなメリットを院長に理解してもらい、適正な社会保険加入をしてもらいたいと思います。

3つのアプローチによる長時間残業の改善

★ 「ムリ・ムダ・ムラ」をなくす3つのアプローチ

　第2章で、「例えば月60時間を一つの目安にしてはいかがでしょうか」とお伝えしました。しかし、月の所定労働日数が20日の歯科医院で月60時間の残業とすると1日当たり平均3時間の残業になります。終業時刻が18時であれば、毎日21時まで働くことになり帰宅する頃には22時頃を過ぎるかもしれません。仕事のある日は、職場と自宅の往復で1日が終わってしまいそうですね。

　「人手不足で1人当たりの業務量が多いのでやむを得ない」と考える院長もいるかもしれませんが、私は、どのような職場でも、「ムリ・ムダ・ムラ」があると考えています。これをなくすため、次の3つのアプローチで業務改善に取り組んでほしいと思います。

第3章　働きやすさと職場定着の仕掛け

> 1　スキルや能力からしてムリな仕事やオーバーワークを
> していないか？
> 2　本来ならばしなくてもいいような仕事や、する必要も
> ないムダな仕事をしていないか？
> 3　工程づまりを発生させている作業や仕事の重複など、
> ムラのある仕事をしていないか？

　例えば、私の会社の取組みとして電話対応時間を短縮した例を紹介しました（123ページ）が、これは、電話対応時間＝所定労働時間では、業務の処理に要する時間を考えた場合に所定労働時間内に業務を終えることができないオーバーワークとなっていたために、そのムリをなくしたものです。

　また、「スタッフファースト」に関するFacebookの記事も紹介しました（115ページ）が、私の会社では訪問営業を行いません。社会保険労務士として複数の会社と顧問契約を結んでいますが、顧問先の訪問回数も最小限にしています。これも、リアルな訪問で発生する往復時間（ムダ）を削減し、その分を他の業務に充てる取組みです。緊急を要するようなトラブルでもない限り、スマートフォンのアプリやインターネットサービスを利用したビデオ通話でも必要なやり取りはできるからです。

　こうした業務改善が進めば、残業時間の削減にもつながり、時間当たりの労働生産性も向上します。時間当たりの労働生産性は、付加価値を上げるか、あるいはスタッフの労働時間を削減することで高まるからです。残業時間の削減は、時間当たりの労働生産性を直接向上させるわけです。

★　経過措置を設けて収入減への抵抗感を和らげる

　残業時間の削減は、スタッフの自由時間が増える一方、時間

外手当が減ることを意味します。そのため、時間外手当を見込んで生活しているスタッフから、残業時間の削減に後ろ向きな反応が示される可能性があります。

　もし残業時間の削減がなかなか進まず、その原因が時間外手当が減ることへのスタッフの心理的な抵抗であれば、残業時間削減に伴うコスト削減成果に対して一定程度成果報酬として賞与などでスタッフに還元するなど、ソフトランディングさせる仕組みを入れる必要があります。賃金支払いの基本原則は「ノーワーク・ノーペイ」ですから、削減できた残業時間にまで時間外手当を支払う必要はまったくないのですが、スタッフ配慮型のソフトランディングであれば、前向きに残業時間削減の取組みに協力してもらえると思います。

受診したくなる定期健康診断への改善

　歯科医院の中には定期健康診断を適正に実施していないところも見受けられる一方、中にはスタッフが面倒くさがってなかなか受診してくれないケースもあるかもしれません。スタッフが受診したくなる定期健康診断への取組みも必要です。

　具体的には、健診場所の選定や法定外健診オプション、健診休暇の導入などがあるでしょう。実は、これらは、スタッフからの意見を採り入れて私の会社で実施している取組みです。

　法定外の健診オプションや健診休暇の導入は、人材採用時の強力なPRにも使えます。非経済的報酬である福利厚生制度の充実は、応募者にとっては歯科医院選びの大きな決め手の一つになり得るのです。

 健診場所の選定

　健診場所の選定とは、健診センター選びのことです。数年前、

第３章　働きやすさと職場定着の仕掛け　　141

女性スタッフから「できれば健診場所を変えてほしい」との要望が上がりました。それまで某経済団体の会館で受診していたのですが、そこは築年数が古くトイレなどの設備の老朽化も進んでおり、もちろん個人差はあるでしょうが、美観に優れているとは到底いえない状況でした。特に女性はこのあたりの要素が気になるようです。スタッフからの意見を採り入れて、健診場所を別の健診センターに変更しました。快適に健診を受けたいというのがスタッフの本音です。スタッフの意見を踏まえて、健診場所を選定してみてください。

★　法定外の健診オプション

　私は、自分の会社が健康増進企業でありたいと思っています。「全スタッフの物心両面の幸福を追求する」を経営理念として掲げており、それにつながるものと考えています。

　そこで、定められた健診項目以上の法定外の健診を実施しようと考え、スタッフにアンケートを行った結果、ニーズの多かった胃がん健診を、定期健康診断のオプションとして追加しています。

　法定外健診は、胃がん健診以外にもいろいろあります。例えば、乳がん健診や大腸がん健診などもあるでしょう。法定外の健診オプションを導入する場合には、スタッフのニーズを把握した上で、検査内容を決めてください。スタッフの健康管理に配慮した、素晴らしい制度を導入するわけですから、よりスタッフに喜んでもらえる健診オプションにしましょう。

健診休暇を導入する

　健診オプションとして胃がん健診を導入したことがきっかけとなって、私の会社では有給の健診休暇も導入しました。胃が

ん健診にはバリウムを飲むレントゲン検査と内視鏡検査があり
ますが、オプションで受けられる胃がん健診は、バリウムを飲
むレントゲン検査でした。この検査は、意外としんどい検査で
す。決して飲みやすいとは言えないバリウムを飲んだ後に、自
分の体をあれこれと動かすことは大変なものです。しかも、健
診の後には飲んだバリウムをなるべく早く体外に排出させるた
めに、下剤を服用します。通常、定期健康診断は労働日に実施
しているでしょうから、本来であれば健診の後は仕事をするこ
とになりますが、そのような状況で仕事をすることを考えると
気分も下がります。集中して仕事をすることもできません。

　かと言って早退すれば、ノーワーク・ノーペイを理由に給与
から控除されることになります。もちろん、半日有給や時間有
給ということでもよいのかもしれませんが、スタッフ本人の有
給休暇がその分少なくなります。スタッフの心情からすれば、
もしかするとそのことに対して少し腑に落ちないスタッフもい
るかもしれません。そのようなことも考え、私の会社では健診
休暇を導入し、定期健康診断日を特別有給休暇にしました。パー
トタイマーについても同様の扱いで、所定労働時間勤務したも
のとして日給を満額支給しています。

▌▌ 働きやすい、休みやすい職場環境への改善

　第2章で、ブラック歯科医院の特徴として「始業前に掃除す
る職場風土がある」というものを挙げました。こうした任意の
行為が職場に多くあったり、体調不良等理由がなければ有給休
暇が取れなかったりする歯科医院は、スタッフにとって長く働
き続けたい職場とは言えません。働きやすい、休みやすい職場
環境ではないからです。こうした歯科医院には、改革を推進し
てもらいたいと思います。

　この改革を実現するために必要なことは、ただ一つです。そ

第3章　働きやすさと職場定着の仕掛け　143

れは、院長の覚悟です。「始業前の掃除については、今後は始業後にしましょう」、「今後はみんなで協力して有給休暇が取得しやすい体制をつくりましょう」と、院長自らスタッフに宣言することからスタートです。

　具体的に改革する方法としては、始業前の掃除は始業時間の前倒しか診療時間の後倒しかで対応します。私の会社でも毎朝掃除をしていますが、10坪程度の事務所で所要時間は5分程度です。歯科医院の場合、もちろんその面積も各院でバラバラでしょうが、概ね30坪程度が多いかもしれません。そう考えると、始業時間や診療時間を15分程度前後させるだけで、この問題は解決します。

　有給休暇が取得しやすい体制づくりは、既に紹介した月初に行う有給取得ミーティング（118ページ）や半日有給休暇取得制度（119ページ）などを参考に、職場改善を進めてください。

就業規則や雇用契約書を整備する

　スタッフを雇う際に、雇用契約書や雇入れ通知書といった書面を交わしていない歯科医院がいまだにあります。就業規則を整備していない歯科医院も、とても多いです。

　就業規則については、常時10人未満のスタッフしか雇用していない歯科医院は作成義務も労働基準監督署への届出義務もありませんが、雇用契約書や雇入れ通知書の未整備には、そのような言い訳は通用しません。もしも整備されていない状況で労働基準監督署から事業所調査が入ったら、労働基準法違反として是正勧告を受けることになります。

★　院長任せにしないほうが早期解決できる場合もある

　労働条件が記載された雇用契約書や雇入れ通知書の交付は、

何か特別に難しいことを要求しているわけではありませんが、院長の中には、面倒くさがりな方もいます。私にも経験がありますが、何度書面交付をお願いしても、一向に作ってくれない院長もいます。労働基準法違反を指摘しても、労働基準監督署から是正勧告を受けるリスクを伝えても、動いてくれない院長もいます。

　こういった場合、私が書面を作成して、それを院長に確認してもらっています。結果としてそのほうが早いです。もちろん、通常の顧問料とは別に当該書面作成の費用を上乗せして請求しています。

★　動機付けを与えて就業規則策定を促す

　就業規則を整備させるコツの一つは、就業規則を作成するための動機付けを与えることでしょう。歯科医院にとっての就業規則作成のインセンティブです。

　就業規則を作成することで院長とスタッフ、スタッフ間での揉め事の予防に活用することができる点、就業規則がないことがスタッフの採用において不利になることを理解してもらえると、就業規則作成のインセンティブになるでしょう。

　加えて、特に制度導入系の助成金を受給する際などは、必ずと言ってよいほど就業規則が必要になります。

　「人手不足の下で、採用で不利にならないようにするためにも、さらに国の助成金を受給するためにも、絶対に就業規則を整備しておいたほうがよいです」と、院長に提案し、就業規則作成を促してみてください。スタッフの採用やお金（助成金）に関する話は、院長のお悩み事トップ３にいつもランクインしている重要な課題ですので、それらのアプローチであれば、院長にとっても大きな動機付けになるでしょう。

第３章　働きやすさと職場定着の仕掛け

賞与や昇給の制度化

　賞与や昇給がなくても、労働基準法には何ら違反しませんが、「超売り手市場」という歯科衛生士の求人環境は、歯科医院を選びたい放題だということを意味します。歯科衛生士から選ばれる歯科医院になるためには、賞与の支給と昇給は必須だと認識してもらったほうがよいです。

　ただ、賞与の支給も昇給も歯科医院の人件費を増加させることになるので、歯科医院としての経営力を高めて、粗利をしっかりと稼ぐ体質をつくっておかなければなりません。

★　スタッフ教育で経営力強化に貢献

　経営力の評価としては、第1章の歯科診療所の損益状況を表した図を思い出してください（図表1-1）。

　例えば、平均の粗利率は約83％です。この比率を大きく下回っているのであれば、粗利率の改善が必要になるでしょう。そのような場合には、まずは自費率をチェックしてください。自費診療が弱いのかもしれません。

　自費率向上には、スタッフ教育が必須です。人材育成が得意な社会保険労務士であれば、スタッフ教育を通して、自費率の向上、ひいては粗利率改善を伴う経営力強化に直接貢献することもできます。

★　可否判断のために見るべき数字

　固定費の中の、人件費にも着目してほしいです。具体的には、付加価値（粗利益）に占める人件費割合を表した労働分配率に着目してほしいのです。平均の労働分配率は、約43％です。歯科医院の給与計算を受託していれば、人件費はほぼ把握でき

ると思います。後は、院長に付加価値を確認すれば労働分配率を計算できます。

　労働分配率が平均値の43％を下回っていて、最終利益もそこそこ出ているのであれば、賞与の支給や昇給へ回す人件費を確保できるかもしれません。社会保険労務士は、経費の中では人件費を見る機会は多いはずです。たとえ給与計算を受託していなくても、算定基礎や年度更新などの手続きを通して、人件費の概算を把握することができます。実は、社会保険労務士本来の手続業務を通して、経営上のアドバイスができるわけです。

　損益状況を図解するだけでいろいろと経営課題が見えてくるものです。ぜひ、損益状況を図解してみてください。

「365日求人」からの脱却

　365日求人、つまり常に求人している歯科医院は、応募者には「人材が定着しない歯科医院」と映っています。

　こうした歯科医院では、スタッフが辞めると「とにかく誰でもいいから早く代わりを見つけて採用してしまえ」と、場当たり的採用が常態化していることが多いです。この採用の仕組みが問題です。

　第2章でお伝えしたとおり、「自転車操業型採用から脱却する方法」は、ターゲットを明確にすることです。求める人物像（ペルソナ）を、性別、年齢、居住エリア、学歴、職業、年収だけでなく、性格、ファッション、趣味・ライフスタイル、行動特性、悩みまで、あたかも実在しているかのように緻密に描いていくことでした。

　採用活動は、ペルソナに合わせて展開します。採用広告や採用専用のホームページもペルソナに合わせたものにします。これは、応募者に認知させるための下準備、採用の仕組みづくりの第一歩ですが、365日求人をしている歯科医院では、実はこ

第3章　働きやすさと職場定着の仕掛け

の第一歩ができていません。

　求める人物像であるペルソナをいい加減にしていると、場当たり的採用になり、結果として雇用のミスマッチにもつながります。

　もちろん、採用しても人材が定着しない理由は、雇用のミスマッチの問題だけではなく職場環境にもあるでしょう。採用の仕組み作りの第一歩を踏み出すとともに、本章でも紹介した「3A＋T理論」や「スタッフファースト」、「職場定着のための8つの取組み事例」を参考に、職場環境の改善にも取り組んでもらいたいと思います。

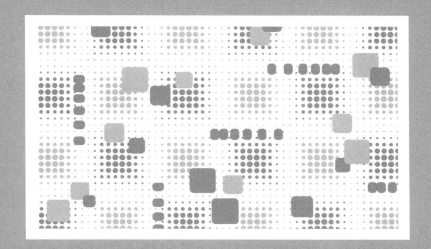

第 4 章
定着と成長を促進する人材育成と人事評価

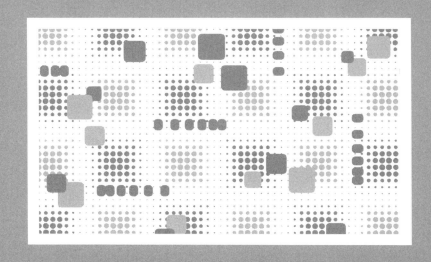

1 行動改善でスタッフ教育を行う

■ コンピテンシー理論による行動基準を作成する

　ここでご紹介するコンピテンシー理論は、以前、私が有限会社人事政策研究所代表の望月禎彦先生から学んだものです。「コンピテンシー」とは、「成果をあげている社員に見られる行動特性」のことです。高い成果をあげている社員（コンピテンシーモデル）の行動を細かく分析し、「仕事のできる社員」に共通する行動特性を明確にすることで、社員に求められる行動に落とし込みます。作成されたコンピテンシーは、採用や人材育成、評価等に活用されます。ご興味のある方は、より詳しい解説書等をご覧ください。

　人材育成の場面でコンピテンシーを活用する際は、この明確化された行動特性を社員同士で共有して、社員全体のレベルアップを図ります。標準化の手法と少し似ている点もあるので勘違いされることもあるのですが、標準化とコンピテンシー理論との大きな違いは、目標とする社員が異なる点です。標準化は組織に６割いるという中間層である標準者の社員に焦点を当てますが、コンピテンシー理論では組織に２割しかいないという上位層の「仕事のできる社員」に焦点を当てています。

　行動特性を明確化する切り口となるコンピテンシーの項目は、会社ごとにどんな行動が成果に結びつくかが異なるため、本来各社各様です。しかしながら、会社の規模が小さい場合、行動特性を学ぶべきコンピテンシーモデルとなり得る社員が存在しないということがあり、その場合は自社が求める人物像をコンピテンシーモデルとしています。

次に掲げる8群75項目は、望月先生の人事政策研究所のセミナーでモデルコンピテンシーとして用いられている項目です。

A群：自己の成熟性
1．冷静さ　2．誠実さ　3．几帳面さ　4．慎重さ
5．ストレス耐性　6．徹底性　7．率直性　8．自己理解
9．思いやり　10．ビジネスマナー

B群：変化行動・意志決定
1．行動志向　2．自律志向　3．リスクテイク　4．柔軟志向
5．素直さ　6．自己改革（啓発）　7．チャレンジ性
8．反転志向　9．タイムリーな決断　10．目標達成への執着

C群：対人（顧客）・営業活動
1．親密性／ユーモア　2．第一印象度
3．プレゼンテーション力　4．傾聴力　5．条件交渉力
6．新規開拓力　7．顧客維持力　8．顧客拡大力
9．人物の評価　10．人脈

D群：組織・チームワーク
1．上司・先輩との関係　2．チーム精神の発揮
3．ムードメーカー性　4．マンパワーの結集　5．政治力

E群：業務遂行
1．専門知識・革新技術の習得　2．文章力　3．計数処理力
4．安定運用　5．処理速度　6．コスト意識
7．トラブル処理　8．計画性　9．業務改善／品質の向上
10．業務企画力

第4章　定着と成長を促進する人材育成と人事評価

F群：戦略・思考
1. 視点の広さと深さ　2. アイデア思考　3. 論理思考
4. 状況分析　5. 解決策の立案　6. リスク管理
7. コンセプトの設定　8. 経営資源の活用
9. アイデアを活かす力　10. 思考持久力

G群：情報
1. 情報の収集　2. 情報の整理　3. 情報の伝達
4. 情報の活用と共有化　5. 情報の発信

H群：リーダー
1. 理念・方針の共有　2. 経営への参画
3. 部下・後輩の指導・育成　4. 権限の委譲
5. 部下・後輩への配慮　6. コミュニケーションの充実
7. 指揮・命令・徹底　8. 経営幹部との関係
9. 部下・後輩に対する公平さ　10. 採用と抜擢
11. 目標の管理および評価　12. 部下・後輩との対立
13. システム管理力　14. 業務管理力　15. 後継者の育成

コンピテンシー研修の実施

　上記75項目のコンピテンシーは、もちろん歯科医院でも活用することはできます。

　以下では私が行ったコンピテンシー研修事例を紹介しますが、この研修は特定の社員の行動特性を分析して行動改善を行うのではなく、「業績向上のための具体的な行動基準を全員で決める」をテーマとして行ったものです。

　まずは各自で考え、その後参加者全員で話し合い、評価していく。会社や上司から一方的に決められたトップダウン型のコンピテンシーではなく、参加者全員で作り上げるボトムアップ型のコンピテンシー（行動基準）がこの研修の特徴です。ぜひ参考にしてみてください。

図表 4-1　コンピテンシー研修風景（不動産会社営業職）

① 初めに、職種ごとにグループに分かれ、各メンバーが上記の 75 項目の中からその職種で成果をあげるために重要と考える項目が書かれたコンピテンシーカードを選びます。

次に、各グループでまとめたコンピテンシーカードをそれぞれ書き出し、なぜ選んだのかをプレゼンテーションします。

② 書き出したコンピテンシーカードについて、みんなで話し合いながら 4 枚に絞り込んでいます（枚数は会社・組織によって異なります）。

③ 検討の結果、この会社の営業職で業績向上のためには「徹底性」「傾聴力」「誠実さ」「経営資源の活用」の 4 項目のコンピテンシーを高めるということで一致しました。

④ カードや資料を参考にしながら、徹底性、傾聴力、誠実さ、経営資源の活用について、「今よりもちょっと良い行動」という観点でそれぞれ具体的な行動例を考えてもらいます。

⑤ 各自が考えた行動例について、例えば会社、個人、お客様などカテゴリー別にまとめて、それらの行動例を参加者全員で良い行動例かどうか評価します。

⑥ 一つひとつの行動例を参加者全員に評価してもらい、「いいね！」と評価された行動例のみを行動基準として採用します。これで業績向上のためのコンピテンシーのベースの出来上がりです。

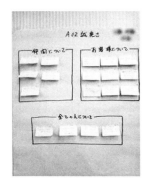

第4章 定着と成長を促進する人材育成と人事評価

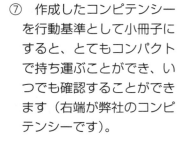

⑦ 作成したコンピテンシーを行動基準として小冊子にすると、とてもコンパクトで持ち運ぶことができ、いつでも確認することができます（右端が弊社のコンピテンシーです）。

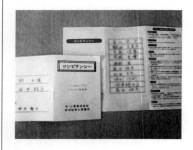

⑧ 小冊子にする際には、署名欄を設けることがポイントです。コンピテンシーの作成に関わったメンバーが署名します。署名することで、いわば血判状のようにコンピテンシーの習慣化への意識付けを促進できます。

⑨ 弊社ではコンピテンシーを日々実行（習慣化）するため、毎朝コンピテンシー（小冊子）を唱和する地道な取組みを継続しています。

スタッフの成長のカギを握るのは院長

　歯科衛生士や歯科助手を対象とした研修は東京や大阪を中心に開催されており、中には直接来てレクチャーしてくれる研修会社もあります。研修すること自体はとても大切で、人材育成に前向きな歯科医院ほど成長している医院と言えるでしょう。

　しかし、時として人材育成に前向きな院長から、「人材育成に力を入れて、スタッフ教育にも積極的に取り組んでいるのに、人材が定着しません。どうすればよいのでしょうか？」という相談を受けることがあります。

優秀なスタッフから辞めていってしまう理由とは？

　しっかり人材育成しているのに、なぜかスタッフが定着しない。このような職場では、できる人材から先に辞めていく傾向がみられることも大きな特徴です。なぜこのようなことが起こるのでしょうか？

　教育することで、スタッフの能力は開発され、能力は向上します。学びを通して成長を実感できたスタッフは、喜びを感じてさらに成長しようとします。

　すると、それを繰り返す間に歯科医院の成長スピードよりもそのスタッフの成長スピードのほうが速くなって、歯科医院がついていけなくなってしまうのです。そうなると、スタッフは満足できなくなり、自身の成長を求めてステップアップする道、つまり転職を考えるようになるのです。

第4章　定着と成長を促進する人材育成と人事評価

スタッフにだけ成長を求める院長は見放される

　スタッフの成長は喜ばしいのですが、結果的に人材が流出しては本末転倒です。では、どうすればよいのでしょうか？

　その答えは、スタッフ以上に歯科医院に成長してもらうしかありません。つまり、院長にもっともっと成長してもらうしかないのです。

　組織のトップに立つ院長が、常に自己研鑽に励み、患者さんからも親しまれ、スタッフにとって魅力的であれば、人材流出は食い止められるでしょう。常にスタッフから「やり方・あり方」を見られている存在が、院長なのです。スタッフに成長を期待するからには、自分自身もそれ以上に成長できるように努めてください。

行動基準を評価にも活用する

人材育成は人事評価とリンクさせるとより効果的

　人材育成のスパイラルアップのため、上記でご紹介した行動改善と人事評価をリンクさせましょう。人事評価とは、スタッフの業績や能力などを評価して、給与などの処遇に反映させる仕組みのことをいいます。その目的は、「人材育成」です。人事評価があることで、人材育成の道筋が明確化します。スタッフにとっても、自分自身どのように自己啓発していけばよいのかや、どんな行動をすると組織に貢献できるのかが見える化でき、自己成長のロードマップにもなります。

歯科医院で人事評価を導入すべき4つの理由

　私が歯科医院に人事評価の導入をお勧めするのは、次の4つの理由からです。

 理由①　スタッフの成長と院長の成長は比例する

　歯科医院経営を成功させるためには人材育成がポイントです。歯科衛生士はもとより、歯科助手や受付スタッフといった人材のレベルアップが歯科医院経営の成功に大きな影響を及ぼします。良い人材が育ってくれさえすれば、分院展開して拡大・成長路線に舵をきれるのに！と、嘆いている院長も多いのではないでしょうか。スタッフの人材育成・モチベーションアップには、その人の頑張りを見える化できる人事評価が必要なのです。

★ 理由② 「同一労働同一賃金」への対応

　国が推し進める「同一労働同一賃金」は、いわゆる正規労働者と非正規（パート・アルバイト等）労働者との不合理な賃金格差の解消を目的としています。この同一労働同一賃金について、歯科医院で次のような問題が起こり得ます。

　例えば、正規スタッフの歯科衛生士と非正規スタッフであるパート・アルバイトの歯科衛生士が一緒に働いている歯科医院で、次のように賃金が支給されていたとします。

・正規スタッフの
　歯科衛生士
　月給 240,000 円
　（平均月間所定労働日数
　20 日）
　→時給換算で 1,500 円
　（240,000 円÷20 日
　÷8 時間）

・パート・アルバイトの
　歯科衛生士
　時給 1,250 円

　経験・能力が同程度で、同程度の責任の歯科衛生士業務をしているのであれば、「問題あり」となります。パート・アルバイトの歯科衛生士にも時給 1,500 円を支払いましょうということになります。

160

さらに、正規スタッフには賞与や手当を支給するがパート・アルバイトには支給しない、支給しても支給率や支給額からみて不合理な格差があるとされれば、「問題あり」となります。今後は、賃金格差があることについて明確な理由がなく、パート・アルバイトといった非正規の雇用形態であることだけをもって賞与や諸手当などは支給しないという給与体系は、維持しにくくなります。

　賃金格差があることが認められるのは、責任度合いや能力に違いがある場合となります。そこで、人事評価の出番なのです。人事評価を通じてスタッフの能力を適正に把握し、格付け（評価）することが可能です。それに基づき処遇すれば、同一労働同一賃金の問題は生じません。逆に言えば、評価するものさし（人事評価）がなければ、特に非正規の歯科衛生士の給与体系について、見直しが必要になるでしょう。

★　理由その③　採用におけるアピールポイントになる

　現在、歯科医院で人事評価を導入している医院はごく稀です。そういう意味で、他の歯科医院に先駆けて人事評価を導入している医院は先進的な歯科医院と言えるでしょう。

　これは、求人・採用の際に大きなアピールポイントになります。歯科衛生士から選ばれる歯科医院になるには、差別化が必要です。他院より良い労働条件にして差別化を図ろうとするとコスト増が伴い、難しいかもしれませんが、制度導入での差別化はコストをかけなくとも可能です。まさに人事評価を導入することが差別化の一つになり、選ばれる理由にもつながります。

★　理由その④　時流に乗ることで助成金受給もできる

　現在、厚生労働省では人事評価制度を整備し、定期昇給等の

第4章　定着と成長を促進する人材育成と人事評価　161

みによらない賃金制度を設けて生産性の向上、賃金アップおよび離職率の低下を図る事業主に対し、「人材確保等支援助成金（人事評価改善等助成コース）」という助成金（**図表 4-2**）を設けています。この助成金は元々「人事評価改善等助成金」として、2017 年度に新設されたものです。新設された理由は、国に中小企業でも「人事評価を導入してほしい」という意図があるからです。

　一般的に、助成金は当該政策が普及すると廃止されることが多いです。それならば、今こそ国の政策の流れに乗ることで助成金受給につなげることを検討してみてはいかがでしょうか。

図表 4-2　人材確保等支援助成金（人事評価改善等助成コース）の概要

支給額

A　制度整備助成：50 万円

　　事業主が、生産性向上のための能力評価を含む人事評価制度と 2 ％以上の賃金のアップを含む賃金制度（以下「人事評価制度等」という）を整備し、実施した場合に 50 万円を支給

B　目標達成助成：80 万円

　　A に加え、人事評価制度等整備計画の認定申請から 3 年経過後に人事評価制度等の適切な運用を経て、生産性の向上および労働者の賃金の 2 ％以上のアップや離職率の低下に関する目標のすべてを達成した場合、80 万円を支給

支給申請の流れ

1 人事評価制度等整備計画の作成・提出（計画の認定申請）

（提出期間内に、本社の所在地を管轄する都道府県労働局へ提出）

2 認定を受けた①の整備計画に基づく人事評価制度等の整備

（労働協約または就業規則に明文化することが必要）

3 人事評価制度等の実施

（すべての人事評価制度等対象労働者に実施することが必要）

4 A 制度整備助成の支給申請

【提出期間】2％以上の賃金がアップするものとして整備した人事評価制度等に基づく賃金が最初に支払われた日の翌日から起算して2か月以内

（本社の所在地を管轄する都道府県労働局へ提出）

5 助成金の支給 50万円

人事評価制度等の適切な運用を経て、「生産性の向上」「労働者の賃金の引き続き2％以上のアップ」「離職率の低下に関する目標」のすべてを達成した場合

B 目標達成助成の支給申請

【提出期間】人事評価制度等整備計画の認定申請の3年後の日の翌日から起算して2か月以内

（本社の所在地を管轄する都道府県労働局へ提出）

助成金の支給 80万円

行動基準と人事評価をリンクさせる方法

　コンピテンシーとしての行動基準は、実はそのまま人事評価項目として活用することもできます。

　コンピテンシーは、全員で話し合って決めた経緯があるので、人事評価項目として比較的納得度の高い評価制度を構築しやすいと思います。

　参考として、弊社が使用しているチェックリストを掲げます（**図表4-3**）。弊社では、月末にスタッフが各コンピテンシーについてセルフチェック（自己評価）をして総括を記入し、上司に提出してもらっています。上司は、評価（他者評価）を加えた後コメントを付けてスタッフへフィードバックしています。

スタッフのやる気を引き出せるかはフィードバックのやり方次第

　評価結果については、必ず本人にフィードバックすることが大切です。本人へのフィードバックがあることで、自己成長のきっかけにもなります。

　フィードバックする際のコツは、「good & better」で伝えるという話法です。例えば、「○○についてはとても良かったね。今後△△もできれば、なお素晴らしいと思うよ」といった感じです。人は、他人から批判や否定をされたくはありません。認められ、褒められたいと思っているものです。フィードバックのやり方一つでも、スタッフをやる気にさせることはできるのです。

図表 4-3　コンピテンシーチェックシートの概要

コンピテンシー　チェックシート
"いい会社にするための行動基準"

実　行		報告日	平成　年　月　日（　）		
	月度	氏　名	㊞		

誠実さ		ビジネスマナー		安定運用		自律志向		計画性	
①		①		①		①		①	
②		②		②				②	
③		③		③					
④		④		④					
		⑤		⑤					
		⑥		⑥					
		⑦						／20	

総括	....

注1：　判断基準　　＝　□＝７割以上できた　 ×＝７割できなかった
注2：　提出期限　　＝　翌月初日に提出願います。

社長コメント	....	確認印

【e-人事株式会社】
書式作成日 13/02/19

人事評価を賃金に反映させる

　人事評価は、給与や賞与などの処遇に結びついてこそ、継続的に機能します。いくら良い評価を受けても、それが処遇に一切反映されないのであれば、評価されるスタッフはどんどん気持ちがしらけていきます。高評価を得ようと努力するようなモチベーションは上がりません。

　ここでは、歯科医院における人事評価と賃金制度との連動について、基本スタンスをお伝えしておきます。歯科医院は女性中心の職場で、スタッフ数も10人未満というケースが多いです。これは、一般企業ではあまり見られない大きな特徴と言えるでしょう。院長や事務長は男性が多いものの、受付、歯科助手、歯科衛生士はほぼ女性で占められています。そのような組織に馴染むのは、どのような賃金制度でしょうか？

歯科医院における「成果」とは何か？

　歯科医院で働くスタッフの中で成果を測定しやすい職種は、歯科医師と歯科衛生士です。例えば、歯科医師は診療収入や保険点数、歯科衛生士はインプラントといった自費診療の獲得などで成果を測定できるでしょう。

　一方、歯科助手や受付スタッフの成果はどのように測定すればよいのでしょうか？　診療収入や利益といった経営数字と直接的に結びつくような仕事の成果を設定することは可能でしょうか？

　ちなみに、ここでお話している「経営数字と直接的に結びつくような仕事の成果」とは、「数値化できるような仕事の成果」

を意味しています。例えば、院長がよく気にされるキャンセル率などは数値化できるので、受付スタッフの仕事にも数値化できるものはありますが、キャンセル率は受付スタッフ個人が完全にマネジメントできるものでもありません。医院全体で改善していく必要のある経営数字と言えるでしょう。

歯科衛生士の給与には一部歩合給制を導入する

　第1章でお話しした院長のお悩み事トップ3に「収益アップ（自費率の向上）」がありました。この自費率の向上には、インプラント治療の獲得が不可欠です。そして、その成否を分けるのが歯科衛生士の力量です。私も説明を受けた経験がありますが、資料どおりの説明だけをする歯科衛生士もいれば、こちらの要望をしっかりとヒアリングした上で説明してくれる歯科衛生士もいて、歯科衛生士によってコミュニケーション能力の差は大きいです。このコミュニケーション能力の差が、インプラントの獲得率にも大きく影響しているのだと思います。

　その歯科衛生士が能力を発揮してインプラント治療を獲得しても、儲かるのは歯科医院や院長だけで自分にはまったくその利益が還元されないとしたら、わざわざインプラントを獲得しようと思うでしょうか？　知人の歯科衛生士から「せっかく頑張ってプレゼンテーションをしてインプラントを獲得しても、お給料は変わらず固定なので、わざわざインプラントを獲得しようというモチベーションが上がらないのです」と愚痴を聞かされたことがあります。この歯科衛生士の愚痴こそが、本音なのでしょう。

　歯科衛生士の求人情報には、例えば、「基本給とは別に獲得した自費診療額の10％を歩合給として支給する」といった一部歩合給制を導入しているケースも見受けられます。

　コミュニケーション能力の高い優秀な歯科衛生士の採用・定

第4章　定着と成長を促進する人材育成と人事評価　167

着のためにも、こうした一部歩合給制を導入しましょう。

　インプラントの料金は、地域によっても、また歯科医院によっても異なりますが、35万円～50万円くらいが一般的ではないでしょうか。仮に、自費診療額の10％を歩合給として支給したら、歯科衛生士にはインプラント治療を獲得するごとに3万5,000円～5万円が支給されることになります。コミュニケーション能力やプレゼンテーション能力に磨きをかけようと、きっと歯科衛生士のモチベーションは上がることでしょう。

▌賞与で自費診療獲得の報酬を支給する場合

　自費診療獲得の報酬は、賞与で支給することでもよいでしょう。その場合、次のように規定する方法が考えられます。

（賞与）

第○条　当医院は、各期の医院業績を勘案して、原則として年2回、7月と1月に賞与を全スタッフ（試用期間中のスタッフは除く）に支給する。ただし、医院業績の著しい低下その他やむを得ない事由がある場合には、支給時期を延期し、または支給しないことがある。なお、歩合賞与についてはこの限りではない。

2　賞与は基本賞与と歩合賞与で構成される。

3　基本賞与の額は、スタッフ本人の能力、勤務成績、勤務態度等を総合的に評価した結果と医院業績を考慮してその都度決定し、歩合賞与の額は、獲得した自費診療額×10％を基本とする。

4　前項の評価対象期間は次のとおりとし、支給日当日に当医院に在籍し、かつ評価対象期間に通常に勤務していた者について支払うこととする。

賞与支給月	評価対象期間
7月	前年12月1日から当年5月31日
1月	前年6月1日から前年11月30日

　この規定は、たとえ医院業績が悪い場合でも、歩合賞与だけは支給するという内容になっています。もしも歩合賞与も基本賞与と同様にリスクヘッジしたい場合は、「なお、歩合賞与についてはこの限りではない。」という文面を削除しておく必要があるでしょう。

　ただ、そもそもの歩合の趣旨を鑑みると、歩合を給与ではなく賞与で支払うとしただけなのですから、基本賞与と同様にリスクヘッジするような運用はお勧めできませんし、実際に運用された際にはスタッフのモチベーションが下がることは言うまでもありません。

歩合の支給方法を決める際に注意すべきことは？

　歩合を給与で支給するか賞与で支給するかについて、私は賞与で支給することをお勧めしています。

　理由は、歩合を給与で支給した場合、その歩合給は割増賃金の算定基礎賃金に含めなければならず、結果として1時間当たりの賃金額が上昇するリスクがあるからです。見落としがちですが、歩合給（歩合手当）は、割増賃金の算定基礎賃金から除かれる賃金ではありません。なお、割増賃金の算定基礎賃金から除かれる賃金は次のとおりです（名称にかかわらず、実質で判断されます）。

家族手当　通勤手当　別居手当　子女教育手当
住宅手当　臨時に支払われた賃金
１か月を超える期間ごとに支払われる賃金

　具体例で見てみましょう。歩合を給与で支給することで１時間当たりの賃金額が上昇し、割増賃金の負担も増加することがわかります。

＜事例＞基本給 192,000 円　歩合給 85,000 円
　　　　月額合計 277,000 円
　　　　所定労働時間数 160 時間　残業時間数 10 時間
　　　　月間総労働時間数 170 時間

歩合給を払った場合の割増賃金の額
　　（基本給）　　　　（所定労働時間数）
（192,000 円　÷　160 時間　×　1.25　＋
　　（歩合給）　　　（総労働時間数）
　85,000 円　÷　170 時間　× 0.25）
　　（残業時間数）
×　10 時間　＝　16,250 円
※歩合給の場合、１時間当たりの賃金は所定労働時間数ではなく、
　総労働時間数で算出します。

歩合給を払っていない場合の割増賃金の額
　　（基本給）　　　（所定労働時間数）（残業時間数）
（192,000 円　÷　160 時間　×　1.25）× 10 時間
　＝ 15,000 円

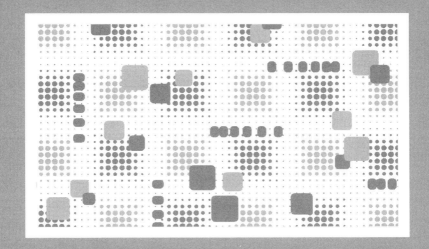

第5章
歯科医院に選ばれる
コンサルタントになるには

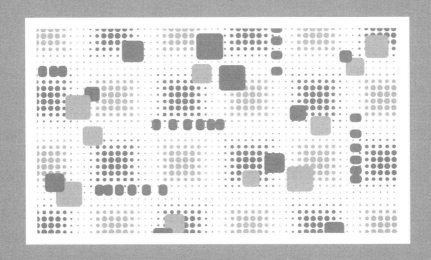

1 経営者から必要とされる コンサルタント像

　その昔、コンサルタントといえば一般に経営コンサルタント
を指す言葉でした。それが今では、何のコンサルタントですか？
と聞かなければわからないくらいたくさんいます。私もコンサ
ルタントの1人ですので、仲間が増えることはとてもうれしい
気持ちです。そのような仲間と切磋琢磨し、今後も選ばれるコ
ンサルタントであり続けたいと思っています。そのためにもス
キルを磨き続けることが大切です。

▌▌「言葉の力」を持っているコンサルタント

　コンサルティングとは、一言で言えば、ソリューションの提
供を通じて、クライアントの問題解決を支援することです。た
だ、ソリューションの提供だけでクライアントの抱えている問
題を解決できればよいのですが、実際にはそうはいきません。
言葉を使って、クライアントの行動を促す必要があります。
　コンサルタントに必要不可欠な能力があるとすれば、それは
言葉の力でしょう。そういう意味では、各コンサルタントに共
通することは「言葉を使って、クライアントにも主体的に行動
してもらう」ことではないでしょうか。

★　具体的なアドバイスでなければクライアントは動かせない

　「クライアントが動いてくれない」と、愚痴をいうコンサル
タントがいますが、それは自分に能力のないことを声高にア
ピールしているようなものです。動かない大きな理由の一つは、

「どう行動していいのかがわからない」からです。

　例えば、歯科医院で院長とスタッフとの立場の違いからくるギャップによって、院内がギクシャクしていたとします。そのとき、「スタッフとコミュニケーションをもっと密にとってください」と院長にアドバイスするだけでは事態は解決しないでしょう。院長は、そのコミュニケーションの取り方がわからないのです。「スタッフと個別面談をされたことがないようであれば、一度スタッフ一人ひとりと個別面談をしてみてはいかがですか？　ちょうど師走ですので一年を振り返る意味でも、絶好のタイミングだと思いますよ。面談場所はスタッフのお気に入りのお店などにして、ランチを食べながらざっくばらんに面談してみてはいかがですか？」のように、具体的なやり方をアドバイスする必要があります。

★　「中学生でもわかるレベル」が目安

　具体的なやり方をアドバイスすることはとても大切です。伝え方のレベルとしては、そのアドバイスを仮に中学生が聞いても理解できる内容で伝えてあげることがベストです。

　その昔、私が駆出しだった頃、報告書の書き方で先輩に厳しく注意されたことがあります。それは、「中学生でもわかる文章で書きなさい」という注意でした。コンサルタントには勉強好きな人が多いためか難しいカタカナ用語や言葉を使いたがる傾向があります。ともすると、難しいことをさらに難しく書いたりします。それではクライアントには伝わりません。なぜなら、クライアントは専門家ではなく、素人だからです。だからこそ、コンサルタントを頼ってくれるのです。中学生でもわかる内容や言葉で伝えられるコンサルタントになってもらいたいものです。そのようなコンサルタントがクライアントに主体的に行動させることができ、結果として成果をもたらすのです。

第５章　歯科医院に選ばれるコンサルタントになるには

スタッフを雇用する経営者の気持ちがわかるコンサルタント

　私が社労士として開業したての頃、「経営者は専門家のアドバイスを本心では聞いてないよ。その内容が良いとか悪いとかではなくてね。経営者は同じ経営者のアドバイスしか聞けないんだよ。だから、早くスタッフを雇って専門家から経営者の世界に入ってもらうほうがいいと思うよ。自分自身が人を雇用しないと、人を雇っている経営者の気持ちなんてわからないでしょう。採用したり、人材育成したり、退職したり。その時々の相談への対応って、法律的な側面からのアドバイスだけでは厳しいよね」と、ある経営者に教えられたことがあります。

　私は頭をトンカチで殴られたような衝撃を受けたことを今でもはっきりと覚えています。信頼とは、何をアドバイスするのかではなく、誰がアドバイスするのかに起因するのだと思います。コンサルティングの現場では、ついついやり方にばかり目がいきますが、それ以上にあり方も大切ではないでしょうか。

　人を雇わずして、労務管理は語れません。経営者である院長に腹落ちするアドバイスをするのであれば、生産性だけでスタッフの人材確保を判断するのではなく、院長との信頼性を高めるための先行投資として、雇用する必要があると思います。

　スタッフを雇用する時点での事務所の年商としては、800万円〜1,000万円くらいが目安だと思います。年商500万円未満では、さすがに雇用することは厳しいでしょう。

報酬を「投資」にしてくれるコンサルタント

　コンサルタントが受け取る報酬は、コンサルタントにとっては収益ですが、歯科医院にとってはコストです。私たちと契約することで、会計上は歯科医院の固定費がアップします。それ

でも毎月報酬が支払われる理由は、それを院長がコストではなく投資と考えているからです。経営者は、常に費用対効果を考えて意思決定しています。それは院長も同様です。

　ですから、私たちはそれに応える必要があります。投資に見合うリターンとして成果をもたらさなければなりません。その投資回収イメージを見える化して伝えることも必要です。

　コンサルティング報酬が投資であることを院長により意識してもらうために、私は**図表5-1**のようなツールを使用しています。このツールは、私にとってのコンサルティングのメンターのお一人でもある和仁達也先生が作られた資料をベースに、私が加筆・修正したものです。

　投資と成果を視覚的に院長に見てもらうことで、投資回収イメージを持ってもらいやすくなります。数字をダイレクトに見せることに抵抗がある方は、口頭でもよいので、こうした投資回収イメージをお話しされると、院長から単なるコスト対象ではなく投資対象として見てもらえる確率が上がると思います。

図表5-1 コンサルティングの投資回収ストーリー

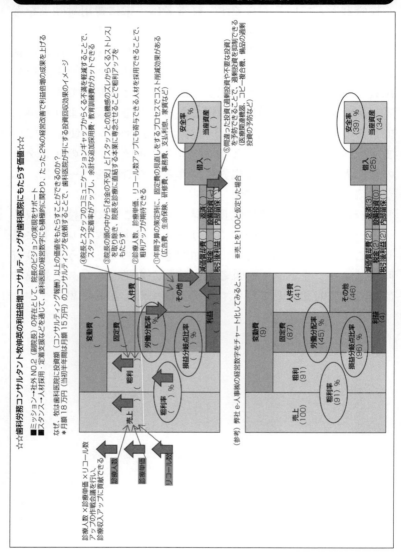

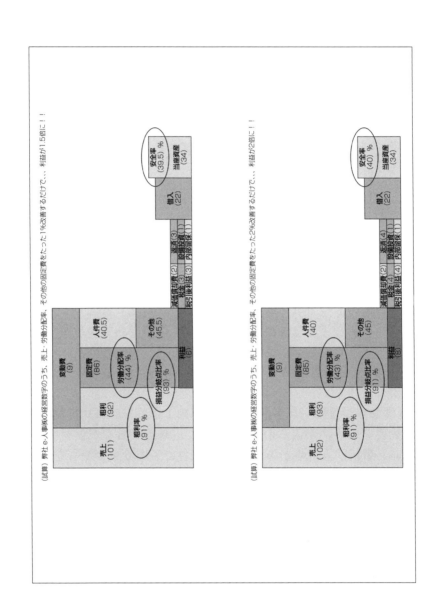

第5章　歯科医院に選ばれるコンサルタントになるには

タイムマネジメントができるコンサルタント

　私が日頃のコンサルティングや会社経営を通じて特に大切だと自覚しているのは、タイムマネジメントです。自身の生産性を上げるためにも、クライアントである歯科医院の生産性向上にも必要だと思っています。

　そこで、以下ではそのタイムマネジメントの実践方法を紹介します。

★　タイムマネジメントとは？

　「タイムマネジメントのマトリックス」をご存知でしょうか？ アメリカの経営コンサルタントであるスティーブン・R・コヴィー博士が、著書『7つの習慣®』で提示した、成功するための習慣の1つです。事柄を「緊急」と「重要」とに分け、「緊急かつ重要」、「緊急ではないが重要」、「緊急であるが重要ではない」、「緊急でもなく重要でもない」という4つのカテゴリーで整理して優先事項を中心に計画を立て、実行するというものです。

　「緊急かつ重要」な事柄が入るのが第1領域、「緊急ではないが重要」な事柄が入るのが第2領域、「緊急であるが重要ではない」事柄が入るのが第3領域、「緊急でもなく重要でもない」事柄が入るのが第4領域です。

	緊　　　急	緊　急　で　な　い
重要	<第1領域>	<第2領域>
重要でない	<第3領域>	<第4領域>

★ 第2領域の仕事が成功を左右する

　4つのうち最も大切な領域とされているのが、第2領域です。第2領域は、重要度が高いのに、緊急性は低いとして意識的に取り組まなければ後回しにされかねない事柄が分布される領域だからです。ここは、将来への投資領域です。ここを充実させることが生産性を上げるコツです。

　どんなことをどの領域に分布させるかは、人によって異なります。下記はあくまでも例です。第2領域の代表例に趣味が入っていますが、趣味は、もちろん仕事ではありません。しかしこれがあることで仕事へのモチベーションもアップします。いわゆる「息抜き」というものです。

第1領域の代表例
　クレーム対応、締切間際の業務、クライアントからの急な呼出しや電話、手続き対応など
第2領域の代表例
　スキルアップ、提案書や企画書の作成、新サービスの開発、マーケティング活動、趣味など
第3領域の代表例
　一方的な電話や急な来客、また飛込み営業、宅配便の対応など
第4領域の代表例
　無意味な会議やランチ会、飲み会、不必要なメールへの対応、価値のない研修受講や異業種交流会への参加、SNS中毒など

★ 仕事の優先順位の決め方

　まずは現状を把握します。仕事の棚卸しをして、書き出してみましょう。

第5章　歯科医院に選ばれるコンサルタントになるには

次に、書き出した仕事をマトリックス図に分布させます。どの仕事をどの領域に振り分けましょうか？　イタリアの経済学者のヴィルフレド・パレートが発見した法則で、全体の大部分は、全体を構成するうちの一部の要素が生み出しているという「パレートの法則」をご存知だと思います。「80:20の法則」ともよばれています（右図参照）。

　このパレートの法則に沿って振り分けます。自分の稼働する8割の時間を大切な2割の仕事に集中すれば、生産性や成果が上がりやすいと言えるでしょう。大切な仕事とは、言うまでもなく第2領域の仕事です。

★　時間の使い方を見直す

　マトリックス図が完成したら、1日のうち最も時間を使っているのはどの領域かを振り返り、時間の使い方を見直します。おそらく第2領域に最も時間を割いている方は少数だと思います。多くの方が、**図表5-2**の上段のような進め方なのではないでしょうか？

　このパターンに陥ると、いつまで経っても第2領域の仕事に着手できません。第2領域の仕事こそが将来の付加価値につながり、飯の種になる仕事なのです。優先すべき順番として、L型ではなくZ型を常に意識しましょう。

- 売上の8割は、全顧客のうち2割の顧客が生み出している
  - ➡ 上位2割の優良顧客を優遇する

- 売上の8割は、2割の売れ筋商品で構成されている
  - ➡ 売れ筋商品上位2割のブランディングや販促を徹底する

- 利益の8割は、費やした全体の時間のうち2割の時間で生み出している
  - ➡ 残り8割の時間に無駄な時間がないかを常に点検する

- 業務の8割は、全社員のうち2割の社員で回している
  - ➡ 残り8割の社員の仕事の見直しや人員配置を検討する

- クレームの8割は、全体のうち2割の原因によって引き起こされている
  - ➡ 主原因のうちの2割にまず手を付けて改善する

- 重要決定事項の8割は、会議時間のうち2割の時間で決まっている
  - ➡ 会議時間を8割削減できる余地がないかを考える

第5章　歯科医院に選ばれるコンサルタントになるには

図表5-2 L型⇒Z型の「タイムマネジメントのマトリックス」

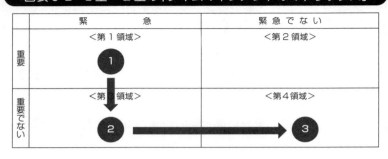

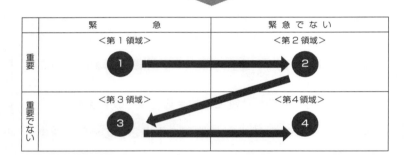

★ ブロックタイム導入で生産性を上げる

　第2領域の仕事に充てる時間を確保できなければ、実践にはいたりません。そのために必要なのが、生産性のアップです。
　生産性を上げる方法として、ブロックタイムの導入をお勧めします。
　これは、何か一つの業務を集中して行いたい場合に、時間帯を決めて他の業務を遮断できるようにする制度です。ブロックタイムの間は、他のスタッフから声を掛けられることもなく、電話に出ることもないので、個室空間で仕事をしているかのように集中することができます。
　運用はとても簡単です。ブロックタイムに入りたい場合に、

「〇時から△時まで××の件でブロックタイムに入ります」と、宣言するだけです。ブロックタイム中である目印でもデスクの上に置いておけば、他のメンバーにもわかりやすいです。

ちなみに、私の会社でもこのブロックタイムを導入しています。電話対応時間の短縮も、その一つです。始業後および終業前の各30分間は会社の電話が鳴らないように設定しているので、スタッフはその間電話対応をする必要がなく、集中して自分の仕事に取り組むことができます。運用としては、朝礼時に今日やるべき仕事を全スタッフで共有しているので、「今から〇〇の仕事をします」と宣言するだけで他のスタッフも協力してブロックタイムができています。

 業界のことがわかっているコンサルタント

第1章で歯科業界の最新事情をお話ししましたが、業界事情を理解しておくことは、何が利益につながるかを見極めて経営者に提案する上で欠かせません。

ここでは、さらに歯科医院経営に関する具体的なイメージが掴めるようになる方法を紹介します。戦略MG（マネジメントゲーム）をご存知でしょうか？

マネジメントゲームとは、1976年に開発された経営シミュレーションゲームです。既に1万社以上の企業で導入されており、企業経営の概略、利益・コスト構造を学び、活きた会計学を身に付けることができる教育研修ツールです。

ゲームは、参加者全員が経営者として300万円を元手に創業するところから始まります。業界によって多少進め方は異なりますが、材料購入、設備投資、人材採用、広告宣伝、商品販売など、会社経営で必要な意思決定を、タイミングを見ながら行って進めていきます。

意思決定に伴い、収入も支出も発生します。どんな決定を下

すかにより、現実の経営と同様に経営結果（決算数字）は大きく変わります。ゲームを通じて経営を疑似体験することにより、利益を出すにはどう行動すべきか、よりハイレベルな意思決定ができるようになります。

　歯科業界のことを知るためにも、歯科戦略MGマネジメントゲームの受講をお勧めします。私は、院長やスタッフの方々に歯科医院経営の仕組みや会計の基礎知識を楽しみながら学んでもらうことを目的として、戦略MGマネジメントゲームのインストラクターもしていますが、コンサルタントにとっても歯科医院経営に対する理解がより深まり、今後のコンサルティングに役立つものと思います。

図表5-3　歯科戦略MG（マネジメントゲーム）チラシ

（表）

（裏）

単なる「自称コンサルタント」ではないコンサルタント

　歯科業界には、「自称歯科コンサルタント」がかなりいます。「自称」が付くのは、歯科コンサルタントは資格でも何でもないからです。国家資格でないことは勿論、公的資格や民間資格でも、私の知る限りそのような資格はありません。

　資格がないからといって、彼らを否定するわけではありませんが、中には労務管理の分野にまで口を挟み、専門外のことまでクライアントに指導しているという印象を受けるコンサルタントもいます。

　社会保険労務士は労務管理の専門家ですが、独占業務としているわけではないので、社会保険労務士以外の人が労務管理に関するアドバイスをしても業務侵害行為には当たりません。しかしながら、上辺の知識だけで口を挟まれると正直面倒です。

　労務管理の指導や助言には、労働基準法や労災保険法をはじめとする労働法令や労働・社会保険諸法令が複雑に絡み合うケースも多いです。その意味では、労務管理の分野は社会保険労務士が使命感や責任感を持って当たるべきだと考えています。

　私が「歯科労務コンサルタント」という新たな職業を作ったのは、そのような思いからです。そして、歯科業界の安定した発展・成長に貢献したいという気持ちから、歯科業界に特化した社会保険労務士の集団である「一般社団法人日本歯科労務コンサルタント協会」を設立しました。

一般社団法人日本歯科労務コンサルタント協会ホームページ
　　　→　http://www.dental-sr.jp/

歯科医院に有効なアプローチ方法

　ここでは、私が過去に実践した&現在実践中のアプローチ方法をご紹介します。これらの方法を用いて、私はリストビルディング（リスト（見込客）を収集していくこと）を行っています。

■ セミナーを企画してFAXDMで案内する

　一番スピーディで誰にでもできるアプローチ法です。検索サイトで「FAXDM」というキーワードで検索すると、いろいろなFAXDM会社が見つかると思います。そのような会社から歯科医院リストを購入して、セミナー開催情報を送信するのです。

　費用対効果については、有料セミナーの場合には世間でいう反響率（3/1000 = 0.3％）よりも低いです。ただ、有料ですから参加料金でDM費用と会場代を賄えれば基本OKですから、それほど難しい話ではありません。

　開催する曜日は、日曜日がよいです。休診日としているところが多い木曜日でもよいかと思いがちですが、歯科医師会の行事が入ったり、新規開業の歯科医院は木曜日も診療していたりするので、日曜日が無難です。

　クレーム電話が心配だという方もいますが、実際には歯科医院から直接クレーム電話が来ることはほとんどありません。ただ、やり過ぎは禁物です。FAXDMを送る際は、図表5-4のポイントを押さえたものになるよう、意識されるとよいと思います。

　なお、私が実際に送信した原稿も掲載しておきます（図表

図表 5-4　FAXDM 送信にあたっての注意点

1　配信不要の手続方法を載せておく

　次のような一文があると、不要と判断した受信者から返信されてくるので、次回の送信先リストから外すことができます。

> ※今後案内がご不要でしたらお手数ですが、下記に FAX
> 　番号をご記入の上ご返信ください。
> 【　　　　　－　　　　　－　　　　　】

2　案内は 1 枚にまとめる

　セミナーの内容を細かく記載して、本来 1 枚原稿で足りるものを 2 枚、3 枚と送りつけるのはやり過ぎです。

3　頻繁に同じ内容を送信しない

　1 か月も経たないうちにまた同じ内容の FAXDM を送るなどは、やり過ぎです。

5-5）ので、作成する際の参考にしてみてください。

図表 5-5　FAXDM 原稿

採用のプロが伝授！ 歯科衛生士 **人材確保** セミナー
～若い歯科衛生士から選ばれる歯科医院の作り方～

「ブラック歯科には就職するな！」
最近では、このように歯科衛生士学校では就活指導されていると耳にします。ブラック歯科ではなく、ホワイト歯科に就職させたい、就活担当者や親御さんがそのように思うのは当然です。誰もブラック歯科には就職してほしくはありません。

≪もしかしてブラック歯科医院！？危険度セルフチェック≫

- ☑ 医療法人化しているにも関わらず社会保険に加入していない
- ☑ 働くうえでとても大切になる就業規則もない
- ☑ 労働条件を明示した雇用契約書も交わしていない
- ☑ パート・アルバイトの歯科衛生士には有給休暇を与えていない
- ☑ 15分、30分の残業をカットして、その残業代を払っていない

貴医院は大丈夫ですか？

※左記はブラック歯科医院の一例です

今の時代、歯科衛生士同士でSNS等で情報共有しているので、ブラック歯科の噂はすぐに広がります。いくら求人広告を出してもそのようなブラック歯科には歯科衛生士からの応募は集まりません。その一方で、ホワイト歯科にはドンドン歯科衛生士からの応募が集まってくる。応募者が増えることで場当たり採用から脱却でき、しっかりと採用選考もできますから、優秀な歯科衛生士を採用することもできるのです。
今回のセミナーでは、歯科衛生士の人材確保で苦労している歯科医院を対象に若い歯科衛生士から選ばれる歯科医院の作り方の秘訣をお伝えします。

採用のプロが伝授！歯科衛生士人材確保セミナー
～若い歯科衛生士から選ばれる歯科医院の作り方～

日　時：　2017年3月26日(日) 18:00～19:30
会　場：　高輪倶楽部　港区高輪3-25-22 高輪カネオビル8F
　　　　　（品川駅高輪口から徒歩3分）
費　用：　5,000円(税込)
対　象：　歯科医院(院長)限定　※院長夫人・事務員の参加は可能
定　員：　10名
参加特典：　セミナーにご参加いただいた方全員に面接評価シートのひな形(Wordデータ)をプレゼント！
　　　　　更に、講師著書「社長・人事・総務のための新しい採用活動(サイカツ)」の本も特別にプレゼント！
主　催：　(一社)日本歯科労務コンサルタント協会
お問合せ：　TEL 03-5422-8607（運営事務局：e-人事㈱）滋賀県大津市中庄一丁目15-28）

評価ポイントや合格点、などを決めておき採用基準に基づいて面接後に記入する面接評価シート（講師の会社で実際に使っているもの）をデータで差し上げます！

(一社)日本歯科労務コンサルタント協会ホームページ:　http://www.dental-sr.jp/

【講師：牧 伸英(まき のぶひで)のプロフィール】

(一社)日本歯科労務コンサルタント協会代表理事、e-人事㈱代表取締役、社会保険労務士、(一社)採用面接士協会理事。京セラコミュニケーションシステム㈱にて『アメーバ経営』の経営コンサルタントを経験することで『稲盛経営哲学』を徹底的に叩き込まれる。退職後、人事コンサルティング会社を経て独立。パートナー型の『歯科労務コンサルタント』として、歯科医院のスタッフ採用から定着まで広く関わっている。採用支援先歯科医院は52社。滋賀県内の高校生・大学生への就活支援も手掛けており、支援実績は延べ4,000人以上。(2017.1現在)

セミナーのお申込みは　FAX:03-5422-8609　(24時間受付)

必要事項をご明記のうえ、FAXをしてください。追ってメールにて受付完了のご連絡をいたします。

歯科医院名		TEL	
参加者氏名		お立場	院長　・　事務長 その他(　　　　　)
メールアドレス			

※今後案内が不要でしたらお手数ですが右にFAX番号をご記入の上ご返信ください。【　　　　　　　　】

院長先生へ!!
歯科医院向きの最新助成金についてご存知ですか？

こんにちは。(一社)日本歯科労務コンサルタント協会 代表理事の牧伸英です。本日は歯科医院向きの最新助成金についてご案内させていただきます。助成金とは雇用保険料を財源とした「歯科医院が国からもらえるお金」のことで、返済の必要はありません。条件を満たしている歯科医院が労働局などに申請することで受給できます。

例えば

勤務間インターバル制度導入 (勤務終了後、一定時間以上の「休息期間」を設け、生活時間や睡眠時間を確保)	最大50万円支給
社員とパートの賃金規定を共通化(同一労働・同一賃金) (正社員とパート共通の職務等に応じた賃金規定等を新たに作成・適用した場合)	最大72万円支給

など

制度を整えることで助成金を獲得できるだけではなく労働環境が改善されるため、歯科衛生士から選ばれる歯科医院になることができます！
しかし助成金は情報を知らなければ今年申請できない、また申請しても予算がなくなった時点で終了してしまうため、早い段階で情報を仕入れることが重要です。
下記セミナーでは歯科医院が使いやすい助成金やその獲得のための確認ポイントをご案内いたします。

- ☑ 今年度狙い目の助成金を早く知りたい！
- ☑ 求人募集をかけても歯科衛生士から応募がない！
- ☑ 国からお金(助成金)をもらいたい！
- ☑ 自医院の労働環境をもっと良くしたい！

そんな院長先生方、ぜひ助成金セミナーにお申込みください！

2017年度版 最新助成金セミナー

- 【日 時】2017年6月4日(日) 14:00～16:00
- 【会 場】高輪倶楽部 港区高輪3-25-22 高輪カネオビル8F (品川駅高輪口から徒歩3分)
- 【費 用】5,000円(税込) 講師の顧問先歯科医院は無料ご招待
- 【セミナー内容】歯科医院にとって今年度狙い目の最新助成金の解説
- 【対 象】歯科医院院長限定 (院長夫人・事務長の参加は可能)
- 【定 員】8名さま
- 【主 催】(一社)日本歯科労務コンサルタント協会
  TEL : 03-5422-8607(運営事務局 e-人事㈱) HP : http://www.dental-sr.jp/
- 【講 師】牧伸英((一社)日本歯科労務コンサルタント協会代表理事・社会保険労務士)

参加された方全員に、講師著書「社長・人事・総務のための新しい採用活動(サイカツ)の本」をプレゼント！

セミナーのお申込みは FAX:03-5422-8609 (24時間受付)

必要事項をご明記のうえ、FAXをしてください。追ってメールにて受付完了のご連絡をいたします。

歯科医院名		TEL	
参加者氏名		お立場 院長 ・ 院長夫人 ・ 事務長	
メールアドレス			

※今後案内が不要でしたらお手数ですが下記にFAX番号をご記入の上ご返信ください。
突然のFAXをお送りし申し訳ございませんでした。FAX番号【　　　　　　　】

メールマガジンを配信する

　メールマガジンはもう古い、過去の手法だといわれることがありますが、プッシュ戦略としての優位性はまだまだあります。低評価の理由は「読まれない」「開封されない」などと思いますが、私が月2回程度配信する「歯医者さんのための助成金メルマガ」の開封率は、約40〜50％です。メルマガの平均開封率が10％未満といわれるなか、10人中4〜5人は目を通していることになります。メルマガ配信に意味がないわけではなく、タイトルや内容次第で読んでもらえるのです。

★　**配信方法**

　配信スタンドには無料と有料とがありますが、無料のものは使わないほうがよいです。理由は、登録リスト（メールアドレス）の使用権が発行者にないからです。リストを保有しているのは配信スタンド側で、リストをダウンロードすることもできず、読者の属性もわかりません。これでは精度の高いマーケティングはできません。私が発行するメルマガでは、都道府県、氏

名、何を見てこのホームページに来たかといった情報を収集しています。有料の配信スタンドにもいろいろとあります。月額費用だけでなく特徴を比較検討されることをお勧めします。

★　一方的に送りつけても効果はない

メールマガジンを配信する上で欠かせないのが、リストビルディングです。

リストビルディングとは、リスト（見込客）を収集することですが、単にリストの山を作るのが目的ではありません。あくまでも質の良いリストを収集することが目的です。

例えば、名刺交換した相手に一方的にメールマガジンを送る人がいますが、それはやめたほうがよいです。その人に対する印象が悪くなるだけでなく、メールマガジン自体のイメージダウンにもつながり、まじめにメールマガジンの配信に取り組んでいる人にとっては、大迷惑な話です。

メールマガジンの平均開封率は10％未満といわれています。1,000人の読者のうち、開封している読者は100人もいない計算になります。しかしながら、先ほど紹介した私の配信するメールマガジンの読者数は、原稿執筆時点で147名、開封率は40％〜50％です。これは、地道にコツコツと継続して取り組んだ結果です。

メールマガジンのリストビルディングは、オプトインが必須です。ブログやFacebookを活用して、ファン（メルマガ読者）を集めてください。

バナー広告を検討してみてもいいでしょう。例えば、一般社団法人日本歯科労務コンサルタント協会では、公益社団法人東京都歯科医師会のホームページのトップ画面に次のようなバナー広告を出稿していました（広告掲載期間は2018年5月末まで）。当然広告料は必要になりますが、歯科医師が見るであ

歯科労務 **助成金情報 無料提供中**

ろう所属会のホームページですから、有効なのではないでしょ
うか。

★ 「最強のマーケティング手法」はお勧めできない

　「最強のマーケティング手法」といわれるプロダクトローン
チという手法を使って大量にリストを集める方法もあります。
　これは、ノウハウやツールといった価値をインターネット上
でまずは無料で提供し、そのページを閲覧した人を見込客（リ
スト）として獲得したら、小分けにした価値を繰り返し無料で
提供することで見込客からの信頼を得ておき、見込客の関心が
最も高まったタイミングを見計らってセールスレターを送り一
気に申込みを獲得して爆発的な売上を上げるというものです。
正しく実施すればとても高い費用対効果が期待できる一方、一
人ではできず多額のコストが必要になります。
　プロダクトローンチでリストを集める手法は、私も展開した
ことがあるのですが、大きな投資と費用を回収するための行動
が必要で、プレッシャーも相応にかかるので、あまりお勧めし
ません。

▌ 歯科関連イベントに出展する

　歯科医院や歯科医師を対象に、歯科関連業者などが主催する
イベントがあります。そのようなイベントに出展することで、
参加している歯科医院や歯科医師に、セミナー情報やサービス

コンテンツなど各種情報を告知することができます。

　出展費用はケースバイケースですが、1ブース20,000円程度から出展できるイベントもあります。歯科コンサルタントや歯科医師、歯科ディーラーなどとつながりのある方は、一度聞いてみるとよいでしょう。

 ## スタディグループに入会する

　歯科医師を会員にした勉強会（スタディグループ）の中には、歯科関連業者を賛助会員化しているところもあります。そのような勉強会に加入することで歯科医師との接点も強化されます。定期総会での協賛ブース出展やランチョンセミナーなどの機会があれば、積極的に参加してみるといいでしょう。

「見える化」で顧客満足度を高める

 「見える化」① 提供するサービスのメニュー表を作る

　私が言うのもおかしな話ですが、コンサルティングという無形サービスほど、胡散臭いものはありません（笑）。価格と価値との比較がしづらく、購入を決定するための情報も足りず、その情報の精度も不確実なものも多いです。

　例えば、高級寿司屋さんでは「時価」の表示しかなくても寿司という立派な有形財があり、たとえ時価でもある程度の価値は想像できますし、その期待もできるでしょうが、コンサルティングのような無形サービスではそうはいきません。サービスを見える化しなければ、売れるものも売れません。

　まずは自分のサービスを見える化してみましょう。私が作成した提供サービスの一例を見える化したメニュー表を紹介しますので、見える化作業の参考にしてみてください（**図表5-6**）。

図表 5-6　サービスメニュー一覧表

■ e-人事株式会社・ぜぜ社労士事務所のサービスメニュー一覧です。

項目	①書籍 （サイカツ本）	②適性検査 CUBIC	③採用スライド 動画
サービス 提供者	―	e-人事㈱	e-人事㈱
報酬 （税別）	1,500円/冊	1,500円/名～	98,000円
特長	人材採用 ノウハウを 手軽に修得	採用面接の 補完ツール 従量課金 ※固定費不要	採用コンテンツ の資産化

項目	④オンライン コンサル	⑤経営労務 コンサル
サービス 提供者	e-人事㈱	e-人事㈱
報酬 （税別）	60,000円 /月額	180,000円～ /月額
特長	お手軽に 個別相談可能 ⑤のオンライン 版	オーダーメイド型 コンサル可能

第5章　歯科医院に選ばれるコンサルタントになるには

項目	⑥経営労務診断	⑦面接立会・代行	⑧就業規則の作成
サービス提供者	ぜぜ社労士事務所	ぜぜ社労士事務所	ぜぜ社労士事務所
報酬（税別）	30,000円	10,000円／名	200,000円〜
特長	第三者認証取得求人・採用に活用可	採否の助言までサポート	ほか諸規程各100,000円

項目	⑨助成金申請	⑩手続顧問	⑪給与計算
サービス提供者	ぜぜ社労士事務所	ぜぜ社労士事務所	ぜぜ社労士事務所
報酬（税別）	受給額の30%〜	30,000円〜／月額	10,000円〜／月額
特長	⑩の顧問先は15%〜	社会保険・労働保険の手続き労務相談も可	給与計算⑩とセット契約

▌「見える化」② コンサルティング議事録を作る

コンサルティングでは、「成果物」を残すことも重要です。成果とともに成果物も提供できれば、クライアントの満足度も一層高まります。一般的に、高額なコンサルティング契約を毎

年更新しようとすると、成果物への着眼点も必要になります。成果物とは、見える形での成果であって、コンサルティングの足跡とも言えます。

★ 「報告書1センチで100万円」?

コンサルティングの成果物で最たるものは、報告書でしょう。私がサラリーマンコンサルタントをしていた当時、先輩コンサルタントからよく聞かされたのは、「報告書1センチで100万円」という話です。100万円のコンサルティング契約であれば、1センチ程度の厚みの報告書が成果物として必要になるという意味です。ですから、500万円のコンサルティング契約であれば最終報告書の厚みが5センチ程度になるように、作りこんでいったわけです。

★ 議事録作成例

「報告書」というと、作成に慣れていない方には少し荷が重いかもしれませんので、まずは「議事録」からスタートしてみることをお勧めします。議事録も立派な成果物です。特に決まった書式はなく、面談時のやり取りや次回までの宿題、次回訪問日などを記録しておけばいいでしょう。

社外人事部長としてご活躍の長谷川満先生が歯科医院のコンサルティングにおいて作成した議事録を、読者のためにご厚意で提供してくださいましたので、紹介します（**図表5-7**）。これから議事録を作成しようとしている方にとって、大いに参考になると思います。

なお、この議事録中の「DH」とは歯科衛生士、「DA」とは歯科助手の略語のことです。

第5章　歯科医院に選ばれるコンサルタントになるには　197

図表 5-7　コンサルティング議事録作成例

〇〇デンタルクリニック　様

＜簡易コンサルティング 議事メモ＞

面談日時：2017年1月10日（火）
　　　　　9時30分～16時00分
面談者：●●院長（スタッフの方々へ講義あり）
場所：〇〇デンタルクリニック

1．近況確認

（1）スタッフについて

・将来的に人事制度構築の必要性を感じる。現在は、●●先生の裁量で決めている。
　現在は、スキル・技術が高ければ給与も高くしている。
　DHよりDAの給与が高い場合がある。DAが高い理由は、自費治療で難易度の高く、専門性の高い手術のサポートができるから（DHはできない）。

・DHの後輩を教育をする体制を構築していきたい。現在は、後輩を教育する体制が整っていない。もっと主体的に動いてもらいたい。

・DAには、材料費などの経費削減の提案を出す指示をすると、提出してくる。ただ、言わないと提出してこないので、もっと自主的に提案をしてもらいたい。

・スタッフには、もっと「楽しく」仕事をしてもらいたい。

・勤続10年のDH▲▲さんには期待したいがリーダーシップを発揮することは見られない。

・DAには、患者様と対話して話を引き出すことをもっとやってもらいたい。対話力は、スキルやテクニックより、あり方や考え方のほうが大事だと感じている。

（2）診療の状況
　・DA には、トリートメントコーディネーターとして治療の
　　説明ができるようになってもらいたい。
　・もっと患者様に合わせて患者様と対話をしながら治療を
　　行っていきたい。

（3）その他
　・DH、DA の責任の所在を明確にしていきたい。人のこと
　　を言う前に、自分の業務をまっとうしてもらいたい。
　・新しいスタッフが増えたので、受付対応、カウンセリング
　　力を上げるため、接遇研修を行いたい（過去 3 回ほど開
　　催している）。
　・毎週 DH ミーティングを行っている。その中で、数値の
　　ことを言いたいが、ストレートには言いにくいので以前の
　　セミナーで配付された「予防型歯科アイディア 25 策」な
　　どを活用して伝えるようにしている。

2．ミッション・クリニックスピリッツのキーワード
（1）ミッション・クリニックスピリッツのキーワード
（今回、●●先生にヒアリングしながら出てきたキーワード）
　・楽しい
　・主体的
　・人間力
　・健康（予防歯科）
　・オールラウンド（セカンドオピニオン）
　・働きやすい職場

3. 次回までの取り組み

≪●●先生≫

1. ミッション、クリニックスピリッツのイメージ案の選定
（今までに考えているミッション、クリニックスピリッツを
サンプルとして選定していただく）

≪長谷川≫

1. 今回のセッションでお聴きした内容・キーワードを元
に、●●先生の想いを文章化する
（●●先生に選んでいただきやすいように、数個の案を考え
る）
⇒ 1月20日（金）中に、ご提出いたします。

2. ホームページリニューアルに関するフォロー

4. 次回面談日

2017年2月9日（木）10時00分～17時00分（予定）
＜およそのスケジュール＞
10:00～12:00　院長面談
（120分　ミッション・ビジョン構築）
13:15～14:15　スタッフミーティング（60分）
14:30～16:30　スタッフ個別面談（4名）（120分）
16:30～17:00　院長面談
（30分　ミッション・ビジョン構築、次回取組み確認など）

以上

★　トラブル予防にも有効

　議事録には、大きな副産物があります。それは、クライアントとの間で共通認識が持てるということです。

　無形サービスのコンサルティングでしばしばトラブルになる

のが、コンサルタントとクライアントとの認識の違いからくる
ギャップです。いわゆる言った、言わないという、よくある水
掛け論です。この無用なトラブルを避けるためにも、議事録は
有効です。議事録を通して、コンサルタントとクライアントと
で面談内容を確認することができますし、見える化することで
次回までの宿題事項について、コミットしてもらいやすくなり
ます。

　議事録を作ることに慣れていない方は、ぜひ議事録の作成を
習慣化してもらいたいです。

★　クライアントに作成してもらう手もある

　議事録は、何もあなたが作成する必要はありません。クライ
アント側に作成してもらっても結構です。私の知り合いで、資
料作成しないことをモットーにしているコンサルタントは、「議
事録作成も今回のプロジェクトの勉強になると思いますので、
御社で作成してもらってもよろしいですか？」と、議事録作成
を単なる作業ではなく勉強になるんだと動機付けをすること
で、暗に議事録作成を依頼しています。このコンサルタントが
自分で議事録を作るのが面倒だから、作らせていると思われた
ら、クライアントとの信頼関係は崩れます。先に言えば説明、
後に言えば言い訳です。依頼する根拠もしかりですが、伝える
タイミングもとても重要です。

第５章　歯科医院に選ばれるコンサルタントになるには

おわりに

　最後までお読みいただきありがとうございました。今後歯科業界において、競争激化の動きはますます加速していくものと思います。患者さんからはもとより、働くスタッフからも選ばれる歯科医院になるために、各歯科医院は経営努力を払う必要があります。院長は経営者として、そのリーダーシップを発揮しなければなりません。コンサルタントは、その大いなる応援団として、サポートしていく存在でありたいものです。

　多くのコンサルタントが歯科に強い労務管理の専門家として、活躍されることを願ってやみません。本書に出会ったことで、新たな可能性を見出してもらえたなら、私としてこれほどうれしいことはありません。さぁこれから一緒に、歯科医院を労務管理面からサポートすることで、歯科業界の安定した発展・成長に貢献していきましょう。

【私から読者のあなたにご連絡】
　商売偏差値を高めて、経済的自由はもちろん、時間的自由や精神的自由までを手に入れるための具体的メソッドを士業者・コンサルタント向けにLINE＠で配信しています。生産性の高い士業やコンサルタントが実践している行動例などもお伝えしていますので、ぜひこの機会に登録しておいてください。

LINE ID
@osj1767z

■講師略歴

牧　伸英（まき　のぶひで）

社会保険労務士
（一社）日本歯科労務コンサルタント協会　代表理事
e-人事（株）　代表取締役

　適性検査CUBICの導入，ハローワークの求人票の作成，面接の立ち会い，内定者フォローなど採用支援を展開。支援先歯科医院は90医院以上。
　主な著書に『社長・人事・総務のための新しい採用活動（サイカツ）の本』（ダイヤモンド社）がある。

歯科医院の
採用・定着支援ハンドブック　　　平成30年11月25日　初版発行

 日本法令®

　　　　　　　　　　　　　　　　　　　検印省略

〒101-0032　　　　　　　　　　著　者　　牧　　　伸　英
東京都千代田区岩本町1丁目2番19号　　発行者　　青　木　健　次
http://www.horei.co.jp/　　　　　　編集者　　岩　倉　春　光
　　　　　　　　　　　　　　　　　印刷所　　日本ハイコム
　　　　　　　　　　　　　　　　　製本所　　国　宝　社

（営 業）　TEL　03-6858-6967　　Eメール　syuppan@horei.co.jp
（通 販）　TEL　03-6858-6966　　Eメール　book.order@horei.co.jp
（編 集）　FAX　03-6858-6957　　Eメール　tankoubon@horei.co.jp

（バーチャルショップ）　http://www.horei.co.jp/shop
（お詫びと訂正）　　　　http://www.horei.co.jp/book/owabi.shtml

※万一、本書の内容に誤記等が判明した場合には、上記「お詫びと訂正」に最新情報を掲載
しております。ホームページに掲載されていない内容につきましては、FAXまたはEメー
ルで編集までお問合せください。

・乱丁、落丁本は直接弊社出版部へお送りくださればお取替え致します。
・JCOPY 〈出版者著作権管理機構 委託出版物〉
本書の無断複製は著作権法上での例外を除き禁じられています。複製される場合は、その
つど事前に、出版者著作権管理機構（電話 03-3513-6969、FAX 03-3513-6979、
e-mail: info@jcopy.or.jp）の許諾を得てください。また、本書を代行業者等の第三者に依頼
してスキャンやデジタル化することは、たとえ個人や家庭内での利用であっても一切認め
られておりません。

　　　　　　　© N. Maki 2018. Printed in JAPAN
　　　　　　　　ISBN 978-4-539-72612-9

便利でお得な定期購読のご案内

定期購読会員(※1)の特典

送料無料で確実に最新号が手元に届く！（配達事情により遅れる場合があります）

少しだけ安く購読できる！
- ビジネスガイド定期購読（1年12冊）の場合：1冊当たり約140円割引
- ビジネスガイド定期購読（2年24冊）の場合：1冊当たり約240円割引
- SR定期購読（1年4冊(※2)）の場合：1冊当たり約410円割引
- 家族信託実務ガイド定期購読（1年4冊(※3)）の場合：1冊当たり320円割引

会員専用サイトを利用できる！

割引価格でセミナーを受講できる！

割引価格で書籍やDVD等の弊社商品を購入できる！

（※1）定期購読会員とは，弊社に直接1年（または2年）の定期購読をお申し込みいただいた方をいいます。開始号はお客様のご指定号となりますが，バックナンバーから開始をご希望になる場合は，品切れの場合があるため，あらかじめ定期購読会員係（電話：03-6858-6960）までご確認ください。なお，バックナンバーのみの定期購読はできません。

（※2）原則として，2・5・8・11月の5日発行です。

（※3）原則として，3・6・9・12月の28日発行です。

ビジネスガイド

購読料金：（1年）11,294円
　　　　　（2年）20,119円

ビジネスガイドは，昭和40年5月創刊の労働・社会保険や人事・労務の法律を中心とした実務雑誌です。企業の総務・人事の実務担当者および社会保険労務士の業務に直接影響する，労働・社会保険の手続，労働法等の法改正情報をいち早く提供することを主眼としています。これに加え，人事・賃金制度や就業規則・社内規程の見直し方，合同労組・ユニオン対策，最新労働裁判例のポイント，公的年金・企業年金に関する実務上の問題点についても最新かつ正確な情報をもとに解説しています。

開業社会保険労務士専門誌 SR

購読料金：5,760円

労働・社会保険,税務の官庁手続＆人事・労務の法律実務誌「月刊ビジネスガイド」の別冊として,平成17年より発行を開始いたしました。

本誌は,すでに開業をしている社会保険労務士やこれから開業を目指す社会保険労務士を対象に,顧客開拓や事務所経営,コンサルティング等に関する生きた使える情報を豊富に盛り込み,実践的に解説する,開業社会保険労務士のための専門誌です。

実務への影響が大きい法改正情報はもちろんのこと,就業規則,是正勧告,あっせん代理,退職金,助成金,特定社会保険労務士制度等にかかわる最新の情報や「いかにビジネスにつなげるか」のノウハウを提供しています。本誌を読むことで,多くのビジネスチャンスを得るためのヒントを手に入れることができます。

家族信託実務ガイド

購読料金：5,200円

超高齢社会を迎える日本では,親の認知症や実家の空き家問題等への対策において,既存の制度や考え方だけでは解決できない問題が山積みです。その解決策の1つとして,今,民事信託(家族信託)に注目が集まっています。民事信託(家族信託)は,既存の枠組みや概念では説明しきれない,全く新たな発想を含んでいる部分が数多くあります。

本誌は,民事信託(家族信託)の世界を,正しく健全な方向に導き,かつ正しい普及を図る,すなわち「道を切り開き,そして地図を作る」ための役割を果たすために発行いたします。

お申込み方法

【初めてお申込みをする場合】

- 下記にご連絡いただければ専用郵便払込用紙をお送りいたしますので,必要事項をご記入のうえ,郵便局で購読料金をお振り込みください。
- 定期購読料金のお振込みが確認され次第,ご希望の号数から発送を開始いたします。

(※)バックナンバーからの購読をご希望の場合は,定期購読会員係【電話：03-6858-6960】に在庫をご確認のうえ,お申込みください。

【定期購読契約を更新する場合】

- 定期購読終了の際に,「購読期間終了・継続購読のご案内」とともに,新たに専用の郵便払込用紙を送付いたしますので,郵便局で定期購読料金をお振り込みください。

(※)定期購読期間中の中途解約は,原則としてお受けいたしかねます。

■ 定期購読に関するお問い合わせは, 日本法令 定期購読会員係 [電話：03-6858-6960 / E-mail：kaiin@horei.co.jp] まで

「労働・社会保険の手続き＋関係税務」「人事労務の法律実務」を中心に，企業の労務，総務，人事部門が押さえておくべき最新情報をご提供する月刊誌です。

ビジネスガイド

https://www.horei.co.jp/bg/

開業社会保険労務士専門誌 SR

開業社会保険労務士のため，最新の法改正やビジネスの潮流をとらえ，それらを「いかにビジネスにつなげるか」について追究する季刊誌です。

https://www.horei.co.jp/bg/sr.htm

便利でお得な定期購読のご案内

定期購読会員(※1)の特典

● **送料無料で発売日に最新号が手元に届く！**（配達の事情により遅れる場合があります）

● **少しだけ安く購読できる！**
  ☞ ビジネスガイド定期購読（1年12冊）の場合：1冊当たり約140円割引
  ビジネスガイド定期購読（2年24冊）の場合：1冊当たり約240円割引
  SR定期購読（1年4冊(※2)）の場合：1冊当たり約410円割引

● **割引価格でセミナー受講できる！**

● **割引価格で書籍，DVD商品等弊社商品を購入できる！**

定期購読のお申込み方法

振込用紙に必要事項を記入して郵便局で購読料金を振り込むだけで，手続きは完了します！まずは雑誌定期購読担当【☎ 03-6858-6960／✉ kaiin@horei.co.jp】にご連絡ください！

1. 雑誌定期購読担当より専用振込用紙をお送りします。振込用紙に，①ご住所，②ご氏名（企業の場合は会社名および部署名），③お電話番号，④ご希望の雑誌ならびに開始号，⑤購読料金（ビジネスガイド1年12冊：11,294円，ビジネスガイド2年24冊：20,119円，SR1年4冊：5,760円）をご記入ください。

2. ご記入いただいた金額を郵便局にてお振り込みください。振込手数料はかかりません。

3. ご指定号より発送いたします。

（※1）定期購読会員とは，弊社に直接1年（または2年）の定期購読をお申し込みいただいた方をいいます。開始号はお客様のご指定号となりますが，バックナンバーから開始をご希望になる場合は，品切れの場合があるため，あらかじめ雑誌定期購読担当までご確認ください。なお，バックナンバーのみの定期購読はできません。
（※2）原則として，2・5・8・11月の5日発行です。

■定期購読に関するお問い合わせは……
日本法令 雑誌定期購読会員担当【☎03-6858-6960／✉kaiin@horei.co.jp】まで！